＼人気レシピ集めました!／

村上祥子のシニア料理教室

こんにちは、村上祥子です。

料理を教えて50年、今年で77歳になりました。

現在は、福岡でシニアのための料理教室を行ないながら、

講演や実習の依頼があれば、全国各地へ荷物を担いで出かけています。

「どうしてそんなに元気なんですか⁉」

とよく尋ねられますが、私の力の源は、やはり「毎日の食事」です。

とはいえ、むずかしいことはしていません。

私の料理は、「早、うま、簡単」で「栄養しっかり」がモットー！

「最近、料理を作るのがおっくうで……」と教室を訪れる生徒さんも、

「これならできます！」と笑顔で帰っていきます。

この本は、そのような教室で人気のレシピと知恵を詰め込みました。

私は、結婚して大家族になり、やがて子どもが独立して夫婦2人暮らしになりました。

そして5年前に夫が亡くなり、今はひとり暮らしです。

いっしょに食べてくれる人の存在が、

作る意欲となっていたことに改めて気がつきました。
でもクヨクヨしていても始まりません。
シニアになったら、家族のためにから、
自分のための食事作りに切りかえることが必要です。
1人分の食事作りを続けるコツは、食べ方も作り方もシンプルにすること！
ワンパターンのごはんでよいと思っています。
作りたくない日は、思いきり手抜きしてもいいのです。
でも「かならず、食べる」がポイントです。
そしてときには、新しいレシピに、チャレンジしてみることも！
新しい発見が、毎日の食事を楽しくしてくれると思います。

「人生100年時代」といわれています。
年をとっても元気に動ける体作りは、食事のとり方しだい。
「ちゃんと食べて、ちゃんと生きる」、いいかえれば「食べ力®」が、
あなたの人生を支えてくれます。
この本が、少しでも皆さまのお役に立てれば幸いです。

村上祥子 祥子

もくじ

LESSON 2 作りおきで簡単おいしい 野菜のおかず

LESSON 5

頑張らずに楽しむ もてなしごはん

この本の使い方

●計量カップ・スプーンは、
1カップ＝200㎖　大さじ1＝15㎖　小さじ1＝5㎖です。
●レシピの分量は、特に記載のない限り、正味重量（皮や種、骨などを除いたあとの口に入る量）です。
●本書で使用した塩は小さじ1＝5gです。
●フライパンはフッ素樹脂加工のものを使用しました。
●保存期間はあくまでも目安です。保存容器やラップは、清潔なものをお使いください。

電子レンジの加熱時間について

本書では、600Wのものを基準にしています。それ以外の出力W数の機種をお使いの方は、加熱時間の早見表を参照にしてください。加熱時間は機種によっても異なる場合があるので様子を見ながら調理してください。

出力加熱時間早見表

500W	600W	700W
40秒	30秒	30秒
1分10秒	1分	50秒
2分20秒	2分	1分40秒
3分40秒	3分	2分30秒
4分50秒	4分	3分30秒
7分10秒	6分	5分10秒
9分40秒	8分	6分50秒
12分	10分	8分30秒

村上祥子の

シニアの元気ごはん 4つのポイント

1. 1食の目安は たんぱく質食材100g+ 野菜100g。

2. 献立は無理せず、 ワンパターンでOK!

3. 台所をシンプルにして、 探し物にサヨナラ。

4. 食べやすくするコツを知る。

体も心もずっと
元気でいるために。
私がたいせつにしている、
4つのルールです。

1　1食の目安は たんぱく質食材100g＋野菜100g。

シニアのかたは、1食で「たんぱく質食材100ｇ＋野菜100ｇ＋ごはん1杯（150ｇ）」を目安にすればＯＫ。シンプルだから続けやすいのが村上流です。

たんぱく質食材

筋力を保つために、シニアこそしっかり食べたい。

筋肉や内臓はたんぱく質からできています。高齢になると若い人より筋肉の分解が起こりやすいため、シニアこそしっかりとりたいものです。私は、たんぱく質食材（肉、魚、卵、豆）を1食100g※を目安にバランスよくとっています。

野菜

1日350g以上、そのうち1/3以上は緑黄色野菜で。

野菜はビタミンやミネラル、食物繊維の供給源。1日の摂取量は、海藻、きのこも含めて350g以上が目安です。まずは野菜を1食100g以上とるよう心がけましょう。そのうち、1/3以上はβ-カロテンが豊富な緑黄色野菜にするとベストです。

＼これで1食分！／

＋

卵＋納豆でもOK!

100gというと「そんなに食べられないわ」と思う人もいるかもしれません。でも、1食の合計でよいのです。たとえば、卵1個（50g）と納豆１パック（50g）で100gになります。

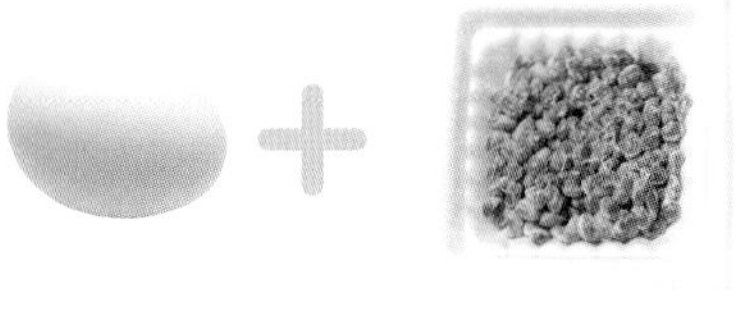

肉は脂肪が少ないものを

肉は、脂肪が少なく赤身の多いものほど、たんぱく質が多く含まれます。肉の脂にはLDLコレステロールを上げる飽和脂肪酸も多く含まれるため、なるべく脂肪の少ないものがおすすめ。

※糖尿病や脂質異常症、腎臓《じんぞう》病などの疾患がある場合は、たんぱく質やエネルギー等の制限が必要になるため、主治医が指示する目安量に従ってください。

2 献立は無理せず、ワンパターンでOK!

私の毎日の食事はいたってシンプル。ただし、どんなに忙しい日でも、かならず1日3食食べるようにしています。朝食は7時、昼食は12時、夕食は6時など時間を決めておくと、食べすぎや欠食を防げますよ。

朝ごはん 「おかずみそ汁」があれば。

朝は、献立をパターン化してしまうのがおすすめです。私の場合は、**「卵のおかず（または納豆）＋おかずみそ汁＋ごはん」**。中心になるのは「たんぱく質食材50g＋野菜100g」が入って栄養がしっかりとれる「おかずみそ汁」です。

卵のおかず

写真のメニューは温泉卵。電子レンジで簡単に作れます（50ページ）。煮卵（51ページ）やだし巻き卵（48ページ）はまとめて作って冷蔵するとラク。

ごはん

胚芽精米や発芽玄米、雑穀ごはんなどがおすすめ。精白米よりも食物繊維やミネラルがアップします。私は発芽玄米にしていますが、お好みのもので。

おかずみそ汁

余り物食材で作りおきした、「たんぱく質食材+野菜」の冷凍パックで、すぐにできます（62ページ）。

昼 ごはん

1食くらいは、外食・中食を活用しても。

1日3食をいつも手作りするのはたいへんです。1食くらいは外食や中食を利用してもだいじょうぶ。私は仕事の関係で、昼はキッチンスタジオのまかない食や弁当ですませます。外食や中食では、野菜が不足しがちなので、夜に多めにとるようにしています。

幕の内弁当など

お弁当の場合は、幕の内弁当のような、いろいろなおかずがとれるものがおすすめ。ただ、ボリュームが多い傾向にあり、ごはんが200g以上、肉や魚のおかずが100g以上入っていることも。その場合は、とり分けて冷凍するとよいでしょう。

夕 ごはん

シンプルにおかず2品で充分。

夕食は**「肉・魚・豆のおかず＋野菜のおかず（または汁物）＋ごはん」**のシンプル献立で充分です。私は、日がわりで肉・魚・豆（豆製品）を順ぐりにおかずにしています。作りおきや、電子レンジを活用するので、10～15分で整います。

野菜のおかず

野菜は合計で100gが目安。写真はキャベツのわかめあえ（76ページ）。市販品を活用して5分でできる。作りおきや、冷凍野菜も活用します。

ごはん

まとめて炊いて冷凍しておけば、電子レンジでチンするだけ。朝ごはんと同様、お好みの食物繊維やミネラルアップごはんで。

肉・魚・豆のおかず

手軽にできるものや、作りおき、缶詰めを活用。50gほどのサラダやゆで野菜などを添えて。

3 台所をシンプルにして、探し物にサヨナラ。

シニアになると、どうしても脳の情報処理能力が落ちてきます。物が多いと「あれどこだっけ？」と探してしまうこともしばしば。料理がめんどうに感じる原因にもなります。そこで私が実行したのが、キッチンのシンプル化です。「自分がよく使うものだけ」に道具を絞り込み、手に届く範囲に、見えやすく収納しました。てきぱきと調理がはかどり、気分爽快《そうかい》です。

❶ 必要なものだけに絞る。

シニアの２人暮らし、ひとり暮らしなら、なべ２つ、フライパン２つ、それに電子レンジがあれば、たいていの料理がまかなえます。

なべ２つ(ふたつき)

片手なべはみそ汁作りに、両手なべはめんをゆでたり、煮物をまとめ作りするときなどに。私が愛用するのは、1.2ℓの片手なべと、2.1ℓの両手なべです。

片手なべ

両手なべ

フライパン２つ(フッ素樹脂加工)

フッ素樹脂加工のフライパンは、使い道が広く、「焼く、いためる、煮る、蒸す」ができます。直径26cmのフライパンは、子ども一家が来たときに、すき焼きやキムチチゲなどのなべ物にも活躍します。

直径22cm

直径26cm

電子レンジ

電子レンジは、温め直しや解凍のほか、煮る、蒸す、揚げ物風の加熱調理に使え、私にとっては必需品。600Wを基本とした、シンプルな機能の製品がおすすめです。

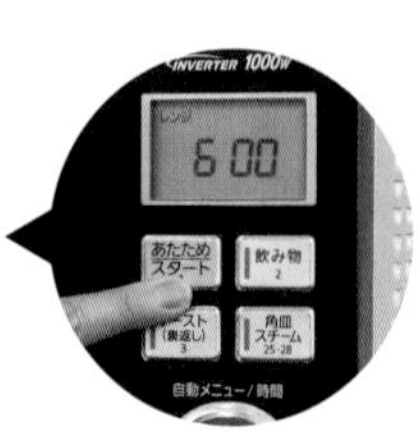

表示が大きいとわかりやすい！

❷ 目に見えるように収納する。

調理中に、目に見えて手が届き、必要なものがさっととれる収納がベスト。私のキッチンで実践している収納法を紹介します。

使いたいものに
すぐ手が届くから、
料理もはかどります！

調理器具はつるして

計量カップや水きりかご、お玉などは、つるして収納。洗ったら水けをふいてフックにかけるだけ。

なべやフライパンは１か所に

なべやフライパン、ボールやざるなどは、すべてシンク下の引き出しにまとめて収納しています。

食器はオープン棚に

食器は、本当に必要でお気に入りのものだけを厳選。すべて目に見えるよう、オープン棚に収納（114ページ）。

長いものはガラスのびんに

箸《はし》やカトラリー、しゃもじ、泡立て器など長い調理器具はガラスのびんに立てて入れると取り出しやすい。

食品は「大きな冷蔵庫」になんでも収納

家族が減っても、冷蔵庫は大きなサイズのままで使っています。冷蔵庫が大きいと冷蔵品以外の食品も収納できます。乾物も、そばやスパゲティなどの乾めんも、ワインやお菓子も。ワインの栓抜きなどのいっしょに使う小物も入れています。以前は分けて収納していましたが、1か所にまとめたことで、扉をあければ一目瞭然に。おかげで、あちこち探し物をしなくなりました。

4 食べやすくするコツを知る。

義歯（入れ歯）などで噛《か》みにくくなったり、飲み込む力が弱ってくると、今までの食事が食べにくく感じられてきます。そんなときは、少しくふうをするとグッと食べやすくなります。本書では料理ごとに「食べやすくするヒント」を紹介しましたので、ぜひ参考になさってください。ご自身の親の食事をサポートするさいにも役立ちますよ。

とろみをつける

料理にとろみをつけると、飲み込みのスピードがゆっくりになって誤嚥《ごえん》を防げます。かたくり粉以外にも、おかゆや、ホワイトソース、長芋、もずくなど、素材のとろみも活用できます（103ページ）。

軟飯やおかゆは、ごはんに水を足して電子レンジで、米なら炊飯器でおいしく炊ける（103ページ）。

やわらかくなるまで加熱する

めんや、野菜、肉などは、通常よりも煮る時間を長くして、やわらかく仕上げます。圧力なべ（60ページ）も、短時間で食材をやわらかくでき、しかも煮くずれせず仕上げることができます。

タピオカでんぷん入りの冷凍うどんは、長く煮てもやわらかくならない。乾めんを使うと、とろりとやわらかくなる（55ページ）。

食べやすく切る、つぶす

ソテーした肉や、野菜の煮物やお浸しなどは、繊維を断ち切るように細かく切ることで食べやすくなります。やわらかいものなら、フォークでつぶすのも手軽な方法です。フードプロセッサー（60ページ）も手軽にみじん切りができて便利です。

LESSON

1

やわらかくて食べやすい！
肉・魚・卵・豆のおかず

筋肉を作るたんぱく質は、
シニアこそしっかり食べたいですね。
ただ、料理によっては食べづらさを感じることも。
そこで、やわらかく、しっとりとおいしく
仕上がるレシピをご紹介します。

筋肉のために常備！
サラダチキン

保存目安
冷蔵
3〜4日

じつは運動が苦手な私ですが、足の筋肉はほうっておくと激減するそう！　そこで1日1万歩を目標に歩くことに決めました。移動はできるだけ徒歩にし、さらに毎朝10分のトランポリンを日課にしました。

そして筋肉量アップのために私が冷蔵庫に常備しているのが、今スーパーやコンビニなどでも人気の鶏胸肉をゆでた「サラダチキン」です。高たんぱく質、低カロリーで、筋肉を育てるのにうってつけ。**パサつきがちな鶏胸肉もこの方法ならふっくらやわらかくなって、ゆで汁もうま味たっぷり。**私の筋肉を支えているのは、こうした「早・うま・簡単！」料理です。

材料／作りやすい分量

鶏胸肉……………………２枚（600g）
水……………………………５カップ
塩…………………………小さじ１
ねぎの青い部分（ぶつ切り）…２本分
しょうが（皮つき、薄切り）………20g

皮つき1/6量145kcal　塩分0.2g
皮なし1/6量116kcal　塩分0.2g

作り方

1 鶏肉は皮をはがして身と皮に分ける。
●皮を除くと鶏肉独特のにおいがやわらぐ。苦手でなければいっしょにゆでてもよい。

2 なべに分量の水を入れ、塩を加えてとかし、**1**とねぎ、しょうがを入れて強火にかける（**A**）。

3 沸騰したらアクを除き、すぐに火を消す。**ふたをしてそのまま常温にさめるまでおく**（**B**）。

4 保存用の容器かポリ袋に鶏肉と皮を入れ、ゆで汁を濾《こ》して注ぐ。完全にさめたら冷蔵庫で保存する。

A鶏肉は香味野菜とともに水からゆでる。鶏肉がしっかり水に浸るようにする。

B余熱を利用することでしっとりとやわらかい仕上がりになる。

肉のサイズが違う場合は？

鶏肉１枚で作る場合は、ほかの材料も半量にし、なべは小ぶりのものを使用する。鶏肉が１枚300gを超える場合は作り方3で沸騰したら弱火にし、２分加熱してから火を消す。

オリーブ油をかけてシンプルに

材料と作り方／２人分

サラダチキン１枚（150g）を斜め薄切りにする。器に盛ってあらびき黒こしょうをふり、オリーブ油小さじ１をかけ、レモンの輪切りなどを添える。好みでしょうゆやわさびをつけて食べる。

1人分152kcal　塩分0.8g

いっしょにゆでた皮は？

皮には脂溶性ビタミンなどの栄養成分も多く含まれるので、ぜひ料理に活用を。細切りにした皮に、たっぷりの小ねぎを加えて一味とうがらしとポン酢しょうゆであえるのもおすすめ。

チキンと野菜の生春巻き

色とりどりの野菜といっしょに詰めて

材料／２人分

サラダチキン（16ページ）………75g

a
- キャベツ………………½枚（30g）
- 紫キャベツ……………⅓枚（20g）
- にんじん…………………………20g
- 赤・黄パプリカ…各⅐個（各20g）

小ねぎ……………………………４本

ライスペーパー…………………４枚

b
- みそ・すり白ごま・砂糖…各大さじ１
- 湯………………………大さじ２
- サラダ油・酢………各小さじ１
- ガーリックパウダー……小さじ½

香菜《しゃんつあい》（好みで）……………………少量

1人分250kcal　塩分1.3g

作り方

1 aの野菜は５cm長さのせん切りにし、小ねぎは10cm長さに切る。サラダチキンはめん棒でたたいてほぐし、４～５cm長さに裂く。

2 ライスペーパー１枚をさっと水にくぐらせ、まな板に置く。中央に1の¼量をのせ、手前、左右を内側に折りたたんでぎゅっとおさえ、くるくると巻く。残りも同様に作る。それぞれ３等分に切って器に盛り、混ぜ合わせたbと香菜を添える。

もやしのチキンスープ

サラダチキンのゆで汁を使って。

材料／２人分

サラダチキン（16ページ）……100g

サラダチキンのゆで汁………360mℓ

a
- にんにくのみじん切り・ナンプラー（またはうす口しょうゆ）・砂糖………………各小さじ１

もやし……………………½袋（100g）

あらびき黒こしょう……………適量

1人分105kcal　塩分1.7g

作り方

1 サラダチキンはめん棒でたたいてほぐし、４～５cm長さに裂く。

2 なべにサラダチキンのゆで汁を入れて火にかけ、煮立ったらaともやしを加える。再び煮立ったら1を加え、すぐ火を消す。器に盛り、こしょうをふる。

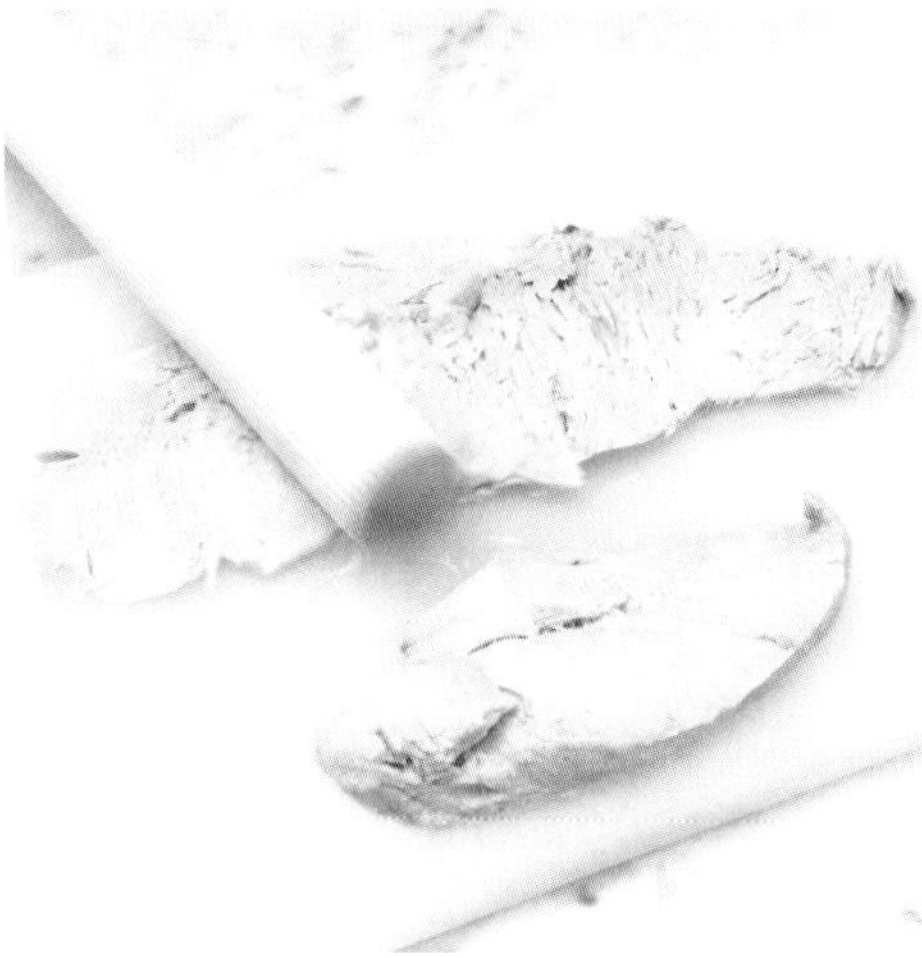

めん棒やすりこ木、びんなどを使って力を入れてたたき、約2倍の長さになるまで広げる。

食べやすくするヒント

たたいてほぐす

やわらかくゆでたサラダチキンですが、たたいてほぐすと、より食べやすくなります。また、チキンカツにすると、その香ばしい油の香りが食欲を刺激してくれます。チーズのこくととろみも食べやすさに一役買います。

たたいたサラダチキンで。

チーズチキンカツ

材料／２人分

- サラダチキン(16 ページ)…１枚(150g)
- スライスチーズ…２枚(20g)
- 小麦粉・とき卵・パン粉…各適量
- オリーブ油…大さじ２
- トマトケチャップ・マヨネーズ…各大さじ１
- 小ねぎ(小口切り)…少量

1 人分 365kcal　塩分 1.0g

作り方

1. サラダチキンは厚みを半分に切って２枚にし、**めん棒でたたいて薄く長く広げる。**
2. チーズを半分に折ってそれぞれ肉の片側半分にのせ、肉を２つ折りにしてはさむ。小麦粉、とき卵、パン粉の順に衣をつける。
3. フライパンを中火にかけ、オリーブ油を入れて2を並べる。片面を４分ずつ、きつね色になるまで焼く。油をきり、食べやすく切って器に盛り、ケチャップとマヨネーズ、小ねぎを添える。

さらに食べやすく

カツをあらく刻んで、マヨネーズとケチャップを混ぜたソースなどをかけて衣をしっとりさせると、むせるのを防げる。おろし大根であえるのもおすすめ。

レシピは進化する
やわらかハンバーグ

ハンバーグは、ひき肉を粘りが出るまでしっかり混ぜるもの、と思っていませんか？　私もそうでしたが、とあるレストランで、ほどけるようにやわらかいハンバーグに出合い、私のレシピが変わりました。

やわらかさの極意は、ほとんど混ぜないこと。**粘りを出さないように、混ぜるのは形がまとまる程度で充分**。混ぜすぎると生地に弾力が出て、火が通りにくく、かたいハンバーグになってしまいます。

そして、玉ねぎとすりおろしにんじんも入れて栄養バランスよく。子ども向け料理なんて思わないでください。シニア世代にこそ食べていただきたいと思っています。

保存目安
冷蔵　4日間
冷凍　1か月

材料／２人分（２個分）

- 牛豚ひき肉……200g
- 玉ねぎ……50g
- にんじん……20g
- a
  - もめん豆腐……50g
  - ごはん……30g
  - とき卵……$\frac{1}{2}$個分
  - パン粉……20g
  - おろしにんにく……小さじ$\frac{1}{4}$
  - 塩……小さじ$\frac{1}{5}$
  - こしょう……少量
- オリーブ油……大さじ１
- ウスターソース……小さじ２
- パセリ……少量

1人分442kcal 塩分1.4g

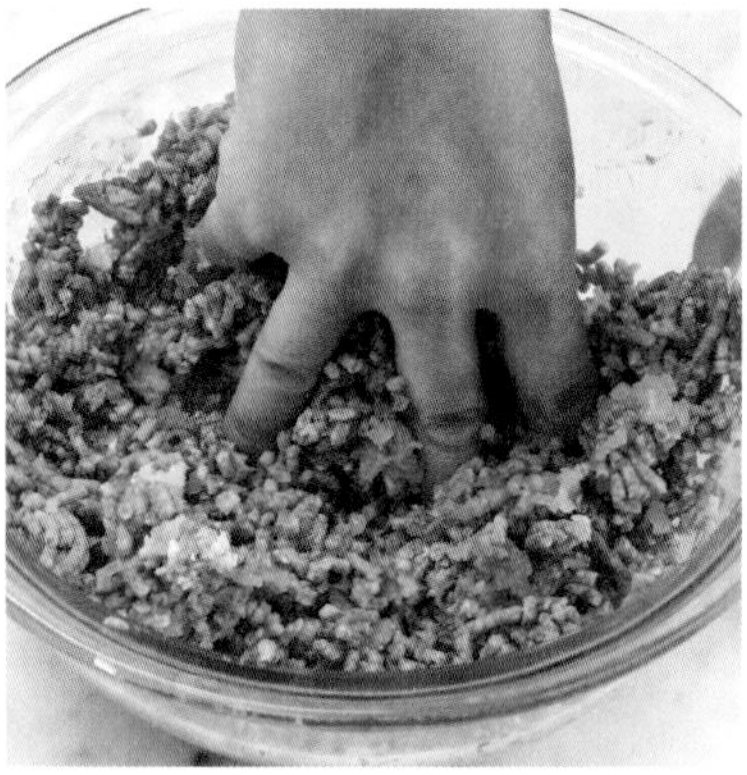

5本の指を広げてボールの底まで差し入れ、10～20回ほど混ぜる。

作り方

1 玉ねぎはみじん切りにして耐熱ボールに入れ、ラップをかけて電子レンジ（600W）で１分加熱してさます。にんじんはすりおろす。

2 ボールにaを入れて泡立て器で混ぜ、ひき肉と1を加える。手で10～20回ほど混ぜてなめらかにする（写真）。

3 2を２等分し、手にとってキャッチボールをする要領で左右の手のひらにたたきつけ、長円形に整えて中央を少しくぼませる。

4 フライパンにオリーブ油を熱して3を並べる。ふたをして弱火で４分、裏返して４分焼く。中央を押してみて、澄んだ肉汁が出れば火が通っている。

5 器に4を盛ってソースをかけ、パセリを添える。

●焼いたハンバーグはラップに包んで保存容器などに入れ、冷蔵または冷凍で保存できる。

ウスターソースをかけてシンプルに。

ごはんと豆腐をつなぎに

ごはんはでんぷん質が豊富なので、さめてもかたくなりにくいのが利点。お弁当用にも向く。牛乳の代わりに豆腐を使えば、植物性たんぱく質もとれる。

煮込みハンバーグ

ケチャップとソースで手軽に作れます

材料／２人分

やわらかハンバーグ(20ページ)… ２個

a［トマトケチャップ……… 大さじ２

　 ウスターソース ………… 大さじ１

　 水 …………………………… $\frac{3}{4}$カップ

マッシュルーム(水煮、スライス) …………………………………… 100g

刻みパセリ ………………………………… 少量

1人分448kcal　塩分2.6g

作り方

1 やわらかハンバーグの作り方１～４(20ページ)と同様に作り、４のフライパンに残った油をキッチンペーパーでふきとってaとマッシュルームを加える。ハンバーグにソースをかけながら弱火で４～５分煮込んで火を消す。

2 器に盛り、パセリをのせる。

食べやすくするヒント

ソースをゆるめ、フォークでつぶす

「煮込みハンバーグ」のソースに水（１人分大さじ１ほど）を加えてゆるめ、ハンバーグをフォークでつぶします。ポロポロと食べにくくなりがちなひき肉も、ソースがほどよくからんで飲み込みやすくなります。

オランダつくね

お弁当にも重宝します。

材料／２人分（10個分）

やわらかハンバーグの生地（20ページ）……………………………………… 全量
サラダ油 ……………………… 小さじ２
a［しょうゆ・砂糖・酒‥各大さじ１
いり白ごま ……………………… 少量
木の芽（あれば）…………………… 少量

1人分446kcal　塩分2.2g

作り方

1 20ページ２の生地を10等分して丸め、平らな円形にする。

2 フライパンにサラダ油を熱し、１を並べる。ふたをして弱火で３分、裏返して３分焼く。中央を押して、澄んだ肉汁が出れば火が通っている。

3 フライパンに残った油をふきとる。aを合わせてまわしかけ、つくねにからめて火を消す。器に盛ってごまをふり、木の芽をのせる。

●料理名は南蛮渡来のイメージでネーミング。

ふっくらジューシー
牛ももステーキ

保存目安
冷蔵
3～4日

　牛肉のごちそうといえばステーキ！「食べたいけれど、脂っこいのは最近苦手で」。そんなかたにもぜひおすすめしたいのが、ムラカミ式の赤身肉のステーキです。

　コツは**300gほどの厚みのある肉を用意し、肉に急激に熱が入らないよう、やさしく焼く**こと。赤身肉でも驚くほど、やわらかジューシーに仕上がります。

　焼き上がったステーキは、⅓量の100gがおよそ1人分。食べやすいように1～1.5cm幅の一口大に切りましょう。フライパンに残った焼き汁をかけていただきます。残りは翌日ステーキサラダなどにアレンジしていただきましょう。

食べやすく切って、好みのつけ合わせを添えて。

材料／２人分＋サラダ用

牛ももステーキ肉（３cm厚さ）…………１枚（300g）
塩・こしょう…………各少量
バター…………大さじ½（６g）
にんにくの薄切り…………２枚
しょうゆ…………小さじ１
みかん果汁※…………大さじ１

⅓量230kcal　塩分0.8g
※またはレモン果汁小さじ１。

作り方

1 牛肉は**冷蔵庫から出して１時間ほどおき、室温にもどす。**焼く直前にキッチンペーパーで水けをふき、塩とこしょうをふって手でしっかりなじませる。
2 フッ素樹脂加工の**フライパンに牛肉を入れてから、中火にかける。**約5分かけて表面をまんべんなく焼く（トングなどを使って側面も焼く）バターとにんにくを加えて強火にする。
3 バターがとけてにんにくの香りが立ったら、さらに中火で１分焼く。なべ肌にしょうゆをまわし入れ、みかん果汁を加え、ジューッと蒸気が上がったら牛肉をすぐにとり出す。
4 食べる分だけを１～1.5cm幅の一口大に切って器に盛り、フライパンに残った焼き汁をかける。

食べやすくするヒント

　義歯で噛みにくい人などは、焼いた後に、厚みを半分に切ってから、1cm角のスティック状に切り、さらに端から2mm幅に切ると食べやすくなります。

薄切りにしてサラダに

材料と作り方／２人分

1 ステーキ（100g）は薄切りにする。

2 きゅうり（100g）は薄切り、にんじん（30g）はスライサーで薄く削る。セロリ（50g）の茎は薄切り、葉は２㎝幅に切る。トレビス（30g）とサラダ菜（30g）は食べやすくちぎり、クレソン（30g）は３㎝長さに切る。

3 ボールにドレッシングの材料（サラダ油大さじ１・酢小さじ２・塩小さじ$\frac{1}{5}$・こしょう少量）を合わせてよく混ぜ、とろりとなったらマヨネーズ（大さじ2）を加えて混ぜる。1、2を加えてあえ、器に盛ってこしょう（少量）をふる。

1人分276kcal　塩分1.2g

リクエストNo.1!

牛すじカレー

保存目安
冷凍
1か月

かれこれ35年、某新聞で料理連載を続けてきましたが、その中で、特にリクエストや反響が大きかったのがこの牛すじカレーです。「牛すじがとろとろで絶品!」「有名店の味が出せました」などうれしいお声が届きました。

煮込んだ牛すじはとろけてゼリーのようにやわらかいので、そのまま介護食にもなります。香辛料を控えめにするのもよいですが、減らしすぎる必要はありません。香りのアクセントは食欲増進の手助けとなります。材料が多くて時間もかかりますが、冷凍もできるので、ぜひまとめ作りを。

材料／２人分×２回

牛すじ肉 ……………………… 300g

a
- 玉ねぎ……………… １個(200g)
- セロリ………………………50g
- にんじん……………………30g
- にんにく…………… １かけ(10g)
- しょうが…………… ½かけ(15g)

サラダ油 ……………………大さじ２

b
- カレー粉………………大さじ１
- 一味とうがらし ………小さじ¼
- 強力小麦粉……………大さじ２
- ガラムマサラ※(あれば) ………………………小さじ１

水…………………………… ４カップ

c
- トマトケチャップ・中濃ソース・砂糖(あれば黒砂糖) …………………… 各大さじ1½
- トマトペースト ……小１袋(18g)
- ロリエ……………………… １枚
- 塩 ……………………小さじ1½
- こしょう………………小さじ⅕

温かいごはん………… 300g×２回分

1人分508kcal　塩分2.6g

※クミン、シナモン、黒こしょうなどを細かくひいた粉末状の混合スパイス。

作り方

1 牛すじ肉は５～６㎝長さに切る。玉ねぎ、セロリ、にんじんはそれぞれ２～３㎝角に切る。フードプロセッサーにaを入れてみじん切りにする(A)。

2 フライパンにサラダ油を熱し、1の牛すじ肉を強火でいため、肉の色が変わって火が通ってきたら**濃い褐色になるまで強めの中火で約10分いため**(B)、なべに移す。

3 2のフライパンに1の野菜を入れ、強めの中火で全体が褐色になるまで約10分いためる(初めに油が飛ぶのでふたで飛散を防ぐ)。火を消してbを加え、混ぜながら余熱で火を通し、香りを引き出す(C)。

4 3を2のなべに移し、分量の水とcを加えて混ぜる。ふたを少しずらしてのせ、火にかける。煮立ったら弱火にして２時間半ほど煮込み、火を消す。皿にごはんを盛り、カレーをかける。

●余ったカレーは、保存容器に入れ、さめてからふたをし、冷凍庫で保存する。

C野菜も褐色になるまでいためる。

B牛すじ肉をフライパンで濃い褐色になるまでいためる。この色でカレーの色が決まる。

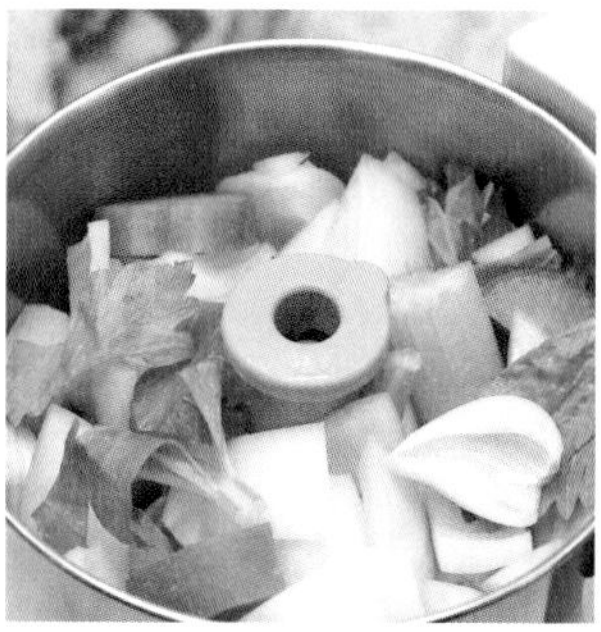

A野菜はフードプロセッサーでみじん切りにするとラク。なければ包丁でもよい。

食べやすくするヒント

牛すじカレーは、義歯や噛《か》む力が弱い人にも向きます。さらに、ごはんを軟飯(103ページ)にかえると、より食べやすくなります。

コラーゲンたっぷり！ ぷるぷる牛すじ

牛すじを使ったカレーをご紹介しましたが、
牛すじを水でやわらかくゆでた「ぷるぷる牛すじ」は、
いろいろなお料理にアレンジできて、こちらもおすすめです。

保存目安
冷蔵 5日
冷凍 約2か月

材料／作りやすい分量
（でき上がり350g）

牛すじ肉 ………………………… 500g
水 …………………………… 5カップ

1/7量 111kcal　塩分0.2g

作り方

1 牛すじ肉はたっぷりの水に30分浸して血抜きをする。すくい上げて水けをきり、なべに入れて分量の水を加える。ふたをして火にかけ、沸騰したら**静かに煮立つ程度の火加減で、アクを除きながら１時間半ほどゆでる。**途中でゆで汁が減ってきたら、肉がつねに浸る程度に水を足す。

2 表面に浮いた脂を除く（冷やすとかたまるので除きやすい）。ゆで汁はキッチンペーパーを敷いたざるで濾《こ》す。保存容器に牛すじ肉を入れ、ゆで汁を注ぐ。

● 保存容器に入れ、冷蔵または冷凍で保存する。

牛すじ肉はコラーゲンたっぷりで煮込むとやわらかく、いいだしも出る。安価でも上等な牛肉に引けをとらない食材。

圧力なべでゆでる場合は？

圧力なべを使う場合は、水を４カップにして加え、落としぶたとふたをして火にかける。圧がかかったら弱火にし、８分たったら火を消す。

牛すじそうめん

うま味とこくたっぷりのゆで汁を使って。

材料／2人分

- ぷるぷる牛すじ（右ページ）……140g
- カットわかめ……乾小さじ1
- 青じそ……1枚
- 大根……100g
- そうめん……乾100g
- a
  - 牛すじのゆで汁……2カップ
  - しょうゆ……大さじ$1\frac{1}{2}$
  - ごま油……小さじ2

1人分343kcal　塩分2.5g

作り方

1 牛すじは1cm幅の短冊切りにする。わかめは水でもどす。青じそはせん切りにする。大根は皮むき器で2cm幅、7cm長さ程度に削り、水に放し、パリッとしたらざるにあげる。

2 そうめんはゆでて水洗いし、ざるにあげる。

3 aを合わせて温める。

4 丼に2を入れ、3を注ぎ、1をのせる。

牛すじ丼

レンチン6分で本格的な味わいに。

材料／2人分

- ぷるぷる牛すじ（右ページ）……100g
- 玉ねぎ……1個（200g）
- a［しょうゆ・砂糖・酒…各大さじ2
- 温かいごはん……茶わん2杯分（300g）
- 練りがらし（92ページ）……少量

1人分441kcal　塩分2.9g

作り方

1 牛すじは細かく切る。玉ねぎは1cm幅のくし形切りにする。

2 耐熱容器にaと1を入れ、ラップをかけて電子レンジ（600W）で6分加熱する。

3 器にごはんを盛り、2をのせて練りがらしを添える。

オムレツにも合う！

ときほぐした卵に一口大に切った「ぷるぷる牛すじ」、塩、こしょうを加えてオムレツを焼く。

新米の季節に サケのみそ漬け

私のみそ使いの始まりは、夫の祖母が毎年仕込んで送ってくれた手作りみそでした。つねにみそがある生活のおかげで、私のみそ使いの幅が広がりました。

新米の季節にいつも作るのが、魚のみそ漬け。濃厚な魚のうま味とみその風味が食欲を誘います。

みそ漬けに使う甘いみそだれの配合は**「みそ：砂糖：酒＝2：2：1」**。使い勝手がいいように、1切れずつみそだれを塗ってラップで包んでおくと、味もしみやすく、30分ほどおくだけで使えます。まとめて作っておけばストックおかずとしても重宝します。

保存目安
冷蔵 2日
冷凍 約1か月

材料／4切れ分

生ザケ（1切れ100～120gのもの）……4切れ

a［ みそ・砂糖……各大さじ4
　 酒……大さじ2

1切れ171kcal　塩分1.3g

作り方

1 ボールにaを入れ、泡立て器でなめらかになるまで混ぜる。

2 ラップを広げ、1を大さじ1塗り広げてサケを1切れのせ、上にも1を大さじ1かけてラップでぴったりと包む。残りも同様に作り、30分ほどおく。

● ラップに包んで保存袋に入れ、冷蔵や冷凍で保存する。

みそ漬けにおすすめの魚

サケのほかに、サワラ、タラ、カジキ、サバ、イワシ、タイなどでもおいしくできる。

ラップにみそだれをサケの大きさに塗り広げてサケをのせ、上にもかける。

ラップでぴったりと包むので、少ないたれでもよくなじんで味がしみる。

みそだれをゴムべらなどでぬぐいとってから焼く。しょうがの甘酢漬けや木の芽を添えて。

みそ漬けの焼き方

オーブントースターの場合

アルミホイルをよくもんでくしゃくしゃにしてから広げ、サケの皮側を上にしてのせ、約10分焼く。途中で上下を返す。ホイルをもむのは魚が張りつかないようにするため。

フライパンの場合

フライパン専用のホイルシート（ない場合はオーブンシートでもよい）を敷き、サケの皮側を下にしてのせ、弱火で約6分、途中で上下を返してじっくり焼く。

電子レンジの場合

1 オーブンシート（25㎝角）を三角形に2つに折ってから広げる。折り目に沿ってサケの皮側を上にしてのせる。シートの左右の端をねじって少し起こし、奥と手前を上部で合わせてねじってとめ、ボート形にする（写真）。

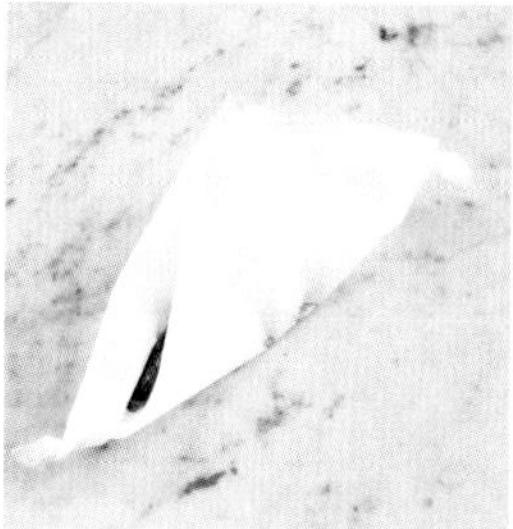

2 電子レンジのターンテーブルまたは平皿に1を1つ置き、600Wで2分～2分30秒加熱する。

サケのちゃんちゃん焼き風

フライパンで蒸し焼きに。バターとの相性もばっちり。

材料／２人分

サケのみそ漬け（30ページ）…… ２切れ
キャベツ（一口大に切る）… ２枚（100g）
玉ねぎ（くし形切り）…… ½個（100g）
にんじん（斜め薄切り）…… ⅓本（30g）
もやし …… ½袋100g
小ねぎ（4㎝長さに切る）…… ½束（50g）
サラダ油・バター …… 各小さじ２
塩・こしょう …… 各少量

１人分285kcal 塩分1.8g

作り方

1 サケのみそだれをぬぐいとる。
2 フライパンにサラダ油を熱し、野菜を広げ入れる。塩、こしょうをふり、バターを置いて1をのせる。
3 ふたをして中火にかけ、ふたのすき間から蒸気が上がり始めたらふたをとり、野菜を外側に寄せ、サケの上下を返してフライパンの中央にじかに置き、４分ほど焼いて火を通す。ほぐして野菜と混ぜ、器にとり分けて食べる。

サーモンサラダ

スモークサーモンのように、サラダと合わせて。

材料／２人分

サケのみそ漬け（30ページ）…… １切れ
きゅうり …… １本（100g）
大根 …… 50g　にんじん …… ⅓本（30g）
レタス２枚　玉ねぎ⅛個（25g）

a
- 酢（あればワインビネガー） …… 小さじ１
- オリーブ油 …… 大さじ１
- こしょう …… 少量

1人分166kcal　塩分0.7g

作り方

1 サケのみそだれをゴムべらなどでぬぐいとり、31ページの要領で焼き、骨を除いて身をほぐす。
2 きゅうりは輪切り、大根とにんじんは２㎜厚さのいちょう切り、レタスは細切り、玉ねぎは薄切りにする。すべて冷水に放し、パリッとなったらざるにあげ、水けをきる。
3 ボールに2を入れ、aをふって混ぜる。1を加え混ぜ、器に盛る。

〈みそ漬け〉バリエーション

イカなどの魚介類のほか、豚肉、鶏肉、牛肉などの肉類もおいしく漬かります。ハム、ソーセージ、チーズ、ゆで卵なども粋な味。なすやきゅうり、電子レンジで加熱した葉物を漬ければ、箸《はし》休めやお弁当のおかずにも。

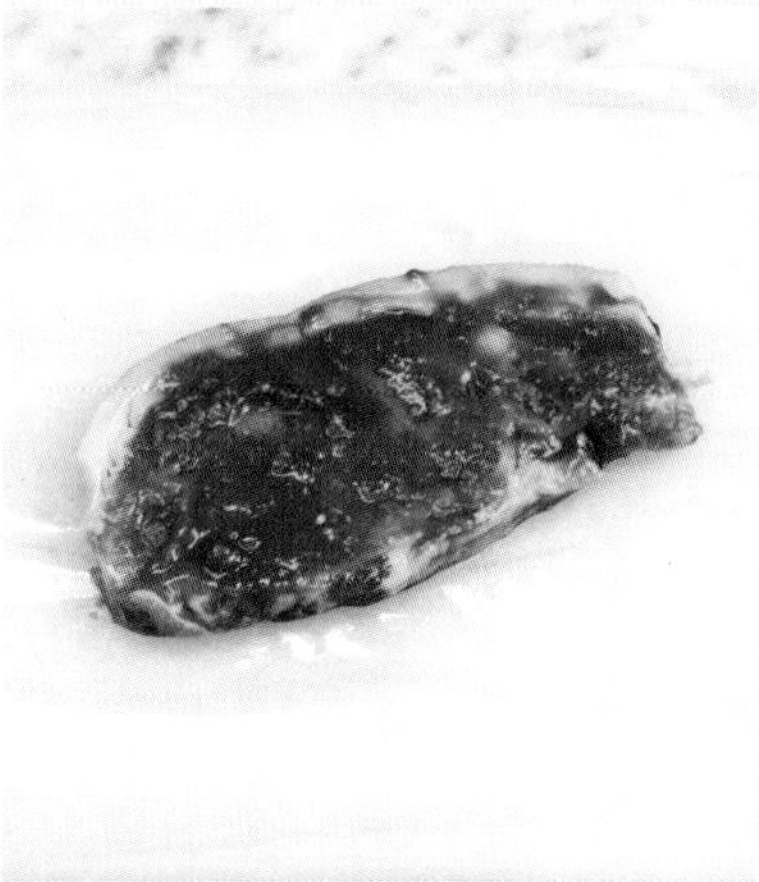

豚肉のみそ漬け

保存目安
冷蔵 2～3日
冷凍 約1か月

材料と作り方／豚ロース豚カツ用２枚（200g）分

豚肉は筋を切る。みそ（大さじ２）、砂糖（大さじ２）、酒（大さじ１）を混ぜ合わせてみそだれを作る。ラップを広げ、みそだれ大さじ１を塗り広げて、豚肉１枚をのせ、上からもみそだれ大さじ１をかけてラップでぴったりと包む。もう１枚も同様にし、30分ほどおく。焼く前にみそだれをぬぐいとる。

１人分301kcal 塩分1.2g

●焼くときは31ページの要領で。オーブントースターなら約10分、フライパンなら約６分。電子レンジなら１枚につき２分～２分30秒。

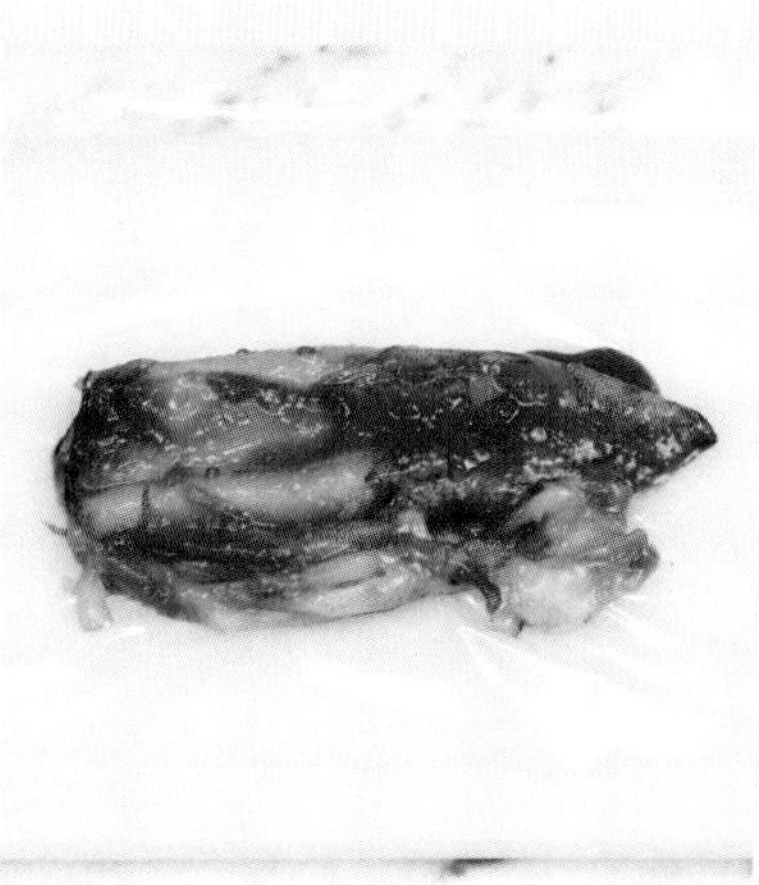

イカのみそ漬け

保存目安
冷蔵 2～3日
冷凍 約1か月

材料と作り方／イカ１ぱい（250 ～ 300g）分

イカは内臓と軟骨を除く。みそ（大さじ２）、砂糖（大さじ２）、酒（大さじ１）を混ぜ合わせてみそだれを作る。ラップを広げ、みそだれの半量を塗り広げてイカをのせ、上からも残りのみそだれをかけてラップでぴったりと包み、30分ほどおく。焼く前にみそだれをぬぐいとる。

1人分139kcal　塩分1.8g

●31ページの要領でオーブントースターかフライパンで焼く。トースターなら約10分、フライパンなら約６分。
●イカははじけやすいので電子レンジ加熱には向かない。

青菜のみそ漬け

保存目安
冷蔵 約1か月

材料と作り方／小松菜200ｇ分

小松菜は洗って半分に切り、ポリ袋に入れて、電子レンジ（600W）で２分加熱し、水にとってさまし、かたく絞る。みそ（大さじ２）、砂糖（大さじ２）、酒（大さじ１）を混ぜ合わせてみそだれを作る。ポリ袋にみそだれを入れ、小松菜を加えてからめ、袋の底のほうから空気を抜きながらクルクルと巻き、冷蔵庫に入れる。

1/4量44kcal　塩分1.1g

●30分後からおいしく食べられる。
●食べる分だけとり出し、かたく水けを絞り、３～４㎝長さに切る。細かく刻んでごまをふってもおいしい。

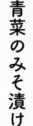

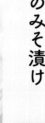

フライパンで作る
刺し身のたたき風

「カツオのさくをグリルであぶり、こんがりと焼き色がついたら、大根おろしをのせ、酢をふり、両手でたたいてさましたら、おろしをどけて引き造りに。大皿に盛り、にんにく、青じそ、おろししょうがをたっぷり添えて、さあ召し上がれ」とやっていたのは、家族が7人もいたときの話。

　1人になった今は、カツオの刺し身を見つけたら、しょうゆをつけてオーブンシートを敷いたフライパンで焼き、「おひとりさまの簡単たたき風」を作っています。**凝縮したうま味に香ばしさが加わり、刺し身とはまた違ったおいしさを楽しめます。**カツオのほか、いろいろな魚で楽しめます。

材料／2人分

カツオ(刺し身)……………………100g
ハマチ(刺し身)……………………100g
しょうゆ………………………小さじ2
大根とにんじんのつま………… 各30g
すだち※……………………………1個
青じそ……………………………2枚

※かぼす、ゆず、レモンなどでもよい。
1人分185kcal　塩分1.0g

作り方

1 つまは3㎝長さにざくざくと切って冷水で洗い、ざるにあげる。すだちは半分に切る。

2 カツオとハマチは両面にしょうゆをつけて、オーブンシートを敷いたフライパンにのせ、**両面を強火で30秒ほど加熱する。**

3 1と2を器に盛り、青じそ・すだちを添える。

油を引かずに、オーブンシートを敷いて焼く。くっつかずに風味よく焼ける。

いろいろな魚で楽しめる

カツオ以外にも、ハマチやブリ、サーモン、マグロ、タイなど、いろいろな刺し身で作ってもおいしい。

骨まで食べやすい！

サバ水煮缶のおかず

高齢者向けのデイサービスで働く栄養士さんとお話をしていたときのこと。「高齢のかたにとって魚は食べにくいようですね。いつまでも飲み込めずに口の中に残っているんです。でも魚は食べてもらいたくて……。そのジレンマにいつも悩まされています」と伺いました。

缶詰めなら調理してもかたくならず、骨までほろほろにやわらかくなっているので食べやすい！　みそ煮やかば焼き缶に比べて**低塩なうえに青魚の栄養もそこなうことなく残っています。**まさにシニア世代にうってつけの食材！　料理教室でも積極的にとり入れています。

にらサバ

汁のうま味も生かし、味つけはこしょうだけ！

材料／２人分

サバ水煮缶	½缶※（100ｇ）
にら・もやし	各100ｇ
サラダ油	大さじ１
こしょう	少量

1人分169kcal　塩分0.4ｇ

※缶汁も1/2缶分を使用（約大さじ2）。

作り方

1 **サバ缶は身と汁に分ける。**にらは4㎝長さに切る。もやしは適宜ひげ根を除く。

2 フライパンにサラダ油を熱し、にらともやしを強火でいためる。

3 全体に油がまわったらサバの身を加えていため、**身がほぐれたら１の汁を加えてさっといためる。**こしょうをふり、火を消して、器に盛る。

身と汁に分けていためるのがコツ

魚の水煮缶をいため物にするときは、身と汁に分け、まず身からいためる。身がほぐれて温まってから汁を加えると仕上がりがべちゃっとならない。

汁には魚のうま味や栄養がたっぷり。料理に使えば調味料いらず！

あければすぐ食べられるサバ水煮缶。
使い勝手のよさとおいしさ、
コストパフォーマンスの
高さで注目されています。

サバ缶麻婆

電子レンジで失敗なし！

材料／2人分

サバ水煮缶……………………½缶※（100g）
絹ごし豆腐………………………………200g

a
- 砂糖 ……………………………大さじ2
- しょうゆ・かたくり粉…… 各大さじ1
- ごま油……………………………小さじ2
- 辣油《らーゆ》 ……………………………小さじ1
- ねぎのみじん切り………… 5cm分

熱湯………………………………………½カップ
ねぎの青い部分（みじん切り）…5cm分

1人分265kcal　塩分1.8g
※缶汁も1/2缶分を使用（約大さじ2）

作り方

1 サバ缶は身と汁に分け、身は細かくほぐす。豆腐は2cm角に切る。

2 耐熱ボールにaと1の汁を合わせ、熱湯を注いで混ぜる。とろりとなったらサバの身と豆腐を加えて混ぜる。

3 ふんわりとラップをかけて電子レンジ（600W）で8分加熱する。器に盛り、ねぎの青い部分を散らす。

サバ缶とごぼうの炊き込みごはん

サバの缶汁を加え、やわらかめに炊きます。

材料／２人分×２回

米……………………………2合(300g)
サバ水煮缶………………1缶(200g)
ごぼう ……………………1本(100g)
a ［しょうゆ………………小さじ1
　 みりん…………………小さじ2

1人分385kcal　塩分0.7g

作り方

1 米は洗って炊飯器の内釜に入れ、水を2合の目盛りまで注いで15分おく。
2 サバ缶は身と汁に分ける。ごぼうは笹がきにし、水の中でもみ洗いしてざるにあげる。
3 1にaと2の汁を加えて混ぜ、ごぼうとサバの身をのせて炊く。蒸らし終えたら全体をさっくりと混ぜる。

●冷凍保存もできる。保存の目安は約1か月。

サバ缶のかきたま汁

缶汁のうま味をだし代わりに。

材料／２人分

えのきたけ(石づきを除く)……100g
水…………………………………１カップ
a ［サバ水煮缶の缶汁
　 ………………¼カップ(１缶分)
　 しょうゆ・ごま油……各小さじ１
［かたくり粉………………小さじ１
　水…………………………小さじ２
卵…………………………………１個

1人分79kcal　塩分0.5g

作り方

1 えのきは3㎝長さに切ってほぐす。
2 なべに分量の水とa、1を入れて煮立て、水どきかたくり粉でとろみをつける。卵をときほぐしてまわし入れ、卵が浮いてきたら火を消す。

●缶汁だけを利用するこの汁物は、身をサラダやあえ物に使ったあとの缶汁の活用術。

極意は水を加えないこと
タイのあら炊き

保存目安
冷蔵
約5日

「あら炊きってハードルが高そう」と思っていませんか？　じつはそんなことはありません。

その極意は、**「生臭さを除くていねいな下処理」**と**「水を一滴も加えず強火で一気に炊く」**こと。

あらは血やうろこが残る部分なので、下処理のひと手間で生臭さや口当たりに大きな差が出ます。

魚は弱い火加減で長く煮ると、臭みが煮汁に出てしまうので、躊躇《ちゅうちょ》せず強火で煮るのもポイント。**水を加えないから早く煮つまってよく味がからみ、つやつやに。**タイ以外にも季節の魚でぜひお試しください。

材料／２人分×３回

タイのあら……………………… 600g

塩……………………………大さじ１

a［しょうゆ・砂糖・酒‥各½カップ

● あらは骨がかたいので、切ってあるものを購入するか、魚屋さんに切ってもらうとラク。

1人分155kcal　塩分2.8g

作り方

1 タイのあらは大きければ１つ70～100g程度に切り、皮を下にしてバットに並べる。まんべんなく塩をふり5分ほどおく。(A)

2 なべに湯を沸かし、ボールに氷水を用意する。熱湯に1を１つずつ入れ、10秒ほどおいて色が完全に変わったら網じゃくしですくい、氷水に移す。(B)

3 全部移し終わったら、氷水の中で血やうろこを指の腹でこすりながら落とし、ざるにあげる。水につけっぱなしにしないよう、手早く。(C)

4 フライパンか平なべにあらを重ならないように並べ、水は加えず、aの調味料を入れたら強火にかける。煮汁を玉じゃくしでかけながら、焦げつきそうになる寸前まで7～8分煮て火を消す(あらかじめ熱湯に通しているのでアクはほとんど出ない)(D)。

●保存容器に入れて冷蔵庫で保存できる。

A塩をふる。

B熱湯にくぐらせる。

C冷水で洗う。

D調味料だけで煮る。

まずはそのままいただいて。器に盛り、小ねぎの小口切りなどを散らす。

煮方は共通！

どんな魚でも煮方は共通。タイでも、ブリでも、カンパチでも、季節の魚でぜひお試しください。

あらペペロンチーノ

タイの上品なうま味を生かして。

材料／2人分

タイのあら炊き(40ページ)……60g
タイのあら炊きの煮汁(40ページ)
……大さじ1
スパゲティ……乾150g
オリーブ油※……大さじ1
にんにく(みじん切り)……½かけ
赤とうがらし(みじん切り)…小さじ½
粉チーズ……適量

※あればエキストラバージン。
1人分422kcal　塩分0.7g

作り方

1 タイのあら炊きは骨を除いて身をほぐす。
2 なべに1.5ℓの湯を沸かし、スパゲティを袋の表示どおりにゆで、ざるにあげる。
3 フライパンにオリーブ油とにんにくを入れ、中火にかける。にんにくがきつね色になったら赤とうがらしを加え、火を消す。
4 2と1、あら炊きの煮汁を加えて強火にかけ、よくからめて火を消す。器に盛り、粉チーズをふる。

残った
煮汁を使って

こんにゃくの甘辛煮

こんにゃくのほか、ゆで大豆や青菜もおすすめ!

材料／2人分

こんにゃく……………… 1枚(250g)
タイのあら炊きの煮汁(40ページ)
……………………………大さじ1½
ごま油………………………小さじ1
赤とうがらし…………………… 1本

1人分45kcal　塩分0.9g

作り方

1 こんにゃくは厚みを半分に切り、両面に3㎜くらいの間隔で斜め格子に切り目を入れる。横半分に切って、1.5㎝幅に切る。熱湯でさっとゆで、ざるにあげる。

2 なべにごま油と1、赤とうがらしを入れて中火でいため、こんにゃくがチリチリと音を立て始めたら、あら炊きの煮汁を加え、強火で汁けがなくなるまで3～4分いりつける。

食べやすくするヒント

身をほぐして軟飯とともに

タイのあら炊きの骨を除いて身を細かくほぐし、煮汁といっしょに軟飯に軽く混ぜ込みます。軟飯は、茶わん半分のごはんに水を¼カップほど加えてほぐし、ラップをかけて電子レンジ（600W）で2分加熱し、とり出してラップをかけたまま4～5分おきます。

DHA、EPAがたっぷり！
アジのこぶじめ

保存目安
冷蔵
約5日

新鮮なアジが手に入ったら、私はこぶじめを作ります。こんぶは上等のものを使うとよりおいしくできます。くり返し使えるので、結局はお得ですよ。こぶじめは、魚のうま味を凝縮させながら鮮度も保つ、昔からの知恵。刺し身とは違う味わいを楽しめます。また、魚の油も逃さず食べられます。

青背の魚の油に多く含まれる、**DHAやEPAは、健やかな血管維持のほかに、認知症の予防・改善の効果を示唆する報告**もあります。このような伝統的なお料理が、やっぱり日本人の味覚の原点であり、健康の礎なのではないかと思います。

材料／２人分×２回

アジ（三枚おろし）………４枚（200g）
塩……………………………小さじ½
こんぶ（５×10cm）………………５枚
酢……………………………大さじ３
1人分63kcal　塩分0.4g

作り方

1 アジは血合い部分の骨を骨抜きで抜き、包丁をねかせて腹骨を薄くそぎとる。バットに並べ、両面に塩をふって10分ほどおく（A）。キッチンペーパーではさんで水けをふきとる。
2 こんぶは酢で湿らせる。
3 ラップを広げ、こんぶ、アジ、こんぶの順に重ねる（B）。ラップで全体をぴっちりと包み、**冷蔵庫に入れて一晩おく。**

●アジは食べる分だけとり出し、皮を引いて使う。

A 塩をふることで水分とともに生臭さが抜け、身も適度にしまる。

B こんぶのうま味がアジに浸透し、アジの水分をこんぶが吸ってうま味が凝縮する。

こんぶはくり返し使える

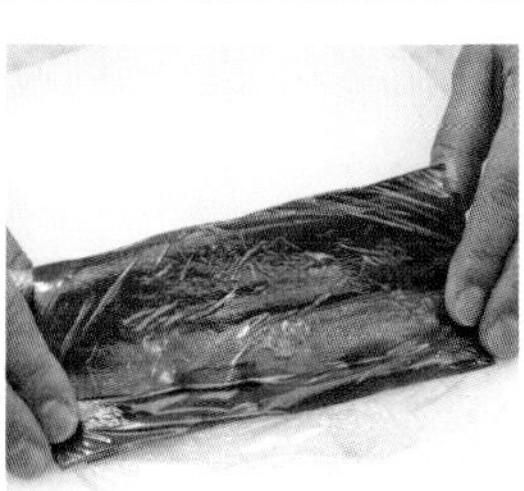

こぶじめに使ったこんぶはポリ袋に入れて冷凍保存し、必要に応じてとり出し、酢（大さじ３）で湿らせて用いる。魚のうま味と酢をたっぷり含んだこんぶは美味なので、３㎝角に切ってやわらかく煮て佃煮などにしても。約２か月を目安に使いきる。

アジとわかめのからし酢みそがけ

ほのかな辛味がアクセントに。

材料／２人分

アジのこぶじめ（44ページ）････ 2枚（100g）
塩蔵わかめ････････････････････････ 20g
a
- みそ・砂糖････････････ 各小さじ２
- みりん････････････････････小さじ１
- 酢････････････････････････小さじ½
- 練りがらし（92ページ）･･････ 少量

木の芽（あれば）･････････････････ ２枚

1人分97kcal　塩分1.3g

作り方

1 アジのこぶじめは頭側から皮を引き、一口大のそぎ切りにする。
2 わかめは水でかためにもどす。熱湯にさっと通し、すぐ冷水にとって引き上げ、水けを絞って３㎝長さに切る。
3 器に１と２を盛り、aを合わせてかけ、木の芽を添える。

アジとなすのマリネ風

しょうゆを隠し味にしたドレッシング。

材料／２人分

アジのこぶじめ（44ページ）････ 2枚（100g）
なす･････････････････････････ 2本（150g）
a
- 白ワインビネガー（または酢）・オリーブ油･････････ 各大さじ１
- しょうゆ････････････････････小さじ１
- にんにくのすりおろし･･････ 少量

小ねぎ（小口切り）･･････････････ 少量

1人分141kcal　塩分0.8g

作り方

1 アジのこぶじめは頭側から皮を引き、１～1.5㎝幅に切る。
2 なすはへたを除いて長さを半分に切り、ポリ袋に入れ、電子レンジ（600W）で３分加熱する。あら熱をとり、1.5㎝厚さの輪切りにする。
3 aは合わせる。
4 器に２を並べ、３を少量かけ、１をのせる。残りの３をかけ、小ねぎを散らす。

縦、横と方向を変えて細かく刻む。筋が断ち切られ食べやすくなる。

食べやすくするヒント

細かく方向を変えて刻む

アジのこぶじめを細かく刻むと食べやすくなります。皮を引き、小骨が残らないよう、血合いの部分を指でなでて骨に当たったら骨抜きで抜きとり、刻みます。酢みそであえてもよし、おわんに入れて熱湯を注げばだしが出てお吸い物にも。

刻んだ香味野菜と軟飯のすし飯を混ぜ合わせて

アジの混ぜずし

材料／２人分

アジのこぶじめ（44ページ）……50g

- ごはん……200g
- 水……3/4カップ

酢……小さじ２

a
- 小ねぎ（小口切り）……１本
- 青じそ（みじん切り）……２枚
- しょうが（みじん切り）……薄切り４枚
- みょうが（みじん切り）……1/2個

１人分 203kcal　塩分 0.2g

作り方

1 耐熱ボールにごはんを入れ、水を注いで箸《はし》でほぐす。両端を少しあけてラップをかけ、電子レンジ（600W）で４分加熱する。200Wに切りかえて３分加熱し、とり出してさます。

2 アジのこぶじめは頭側から皮を引き、小骨が残っていたら骨抜きで抜く。細切りにして重ね、90度向きを変え、端から細かく刻む。

3 1に酢をふり、2とaを加えて混ぜる。

電子レンジで軟飯を作る

軟飯はごはんに水を混ぜてレンジ加熱すれば作れる（作り方1参照）。水の量は、ごはんの重量の3/4を目安に、好みで加減する。

巻かずに作る！ だし巻き卵

卵はたんぱく質を手軽にとれる優れ物。しかも、ビタミン、ミネラルをバランスよく含み、シニアにとっては、低栄養を防ぐための理想的な栄養源ともいえます。ぜ**ひ1日1個は食べたい食品です。**

ご紹介する「だし巻き卵」は、だしをたっぷり含んで茶わん蒸しのようなやわらかさ。さめてもかたくならないので、作りおきおかずにもなります。**くるくる巻くのではなくて、卵液を寄せて厚みを出すこの方法は、だれでも失敗なくうまく作れます。**だしは、あっという間にとれる〝10秒だし〟を使います。ぜひ、お試しください。

保存目安
冷蔵
2〜4日

便利な“10秒だし”

削りガツオ３gに熱湯1カップを注ぎ、10秒おいて漉《こ》し、さます。料理で少量のだしが必要なときに、この方法ならすぐに作れる。

材料／２人分
(13×19㎝の卵焼き器を使用)

卵……………………………… ４個

a
- だし … ½カップ　砂糖…大さじ１
- 塩…小さじ¼　しょうゆ…１〜２滴
- かたくり粉……………… 小さじ１

サラダ油……………………… 適量

1人分245kcal　塩分1.2g

作り方

1 ボールに卵を割りほぐし、合わせたaを加えて混ぜる。

2 卵焼き器を強火にかけて油でならし、ティッシュペーパーを油に浸して油を流れるほどたっぷり塗る。

3 1を玉じゃくし１杯分流し入れ、卵焼き器を揺すりながら菜箸《さいばし》でかきまわす。半熟状になったらまとめながら向こう側へ寄せる（A）。手前のなべ肌に油を塗る。

4 手前に卵液を玉じゃくし１杯分流し、菜箸を卵焼きの下に差し込み、卵焼き器を傾けて卵液を向こう側へ寄せて流す（B）。半熟の状態で手前に２つ折りにする（C）。向こう側のなべ肌に油を塗り、卵焼きを向こう側に寄せ、手前にも油を塗る。

5 卵液がなくなるまで4をくり返す。熱いうちに巻きすで巻いて輪ゴムでとめ（またはラップで包み）、１分ほどおいて切り分ける。

●ラップに包んで冷蔵庫で保存できる。

Aくるくる巻かず、まとめながら向こう側へ寄せる。

B菜箸を卵焼きの下に差し込み、卵液を流す。巻かずにこうして厚みを増していく。

Cターナーを使って半熟の状態で手前に2つ折りにする。

食べやすくするヒント

フォークで あらくつぶす

このだし巻き卵は、たっぷりのだしを含んでいるので、しっとりとしてやわらかく、そのままで充分食べやすいものです。介護食には、１人分を皿にとり、フォークであらくつぶすと、より食べやすくなるでしょう。

マグカップで手軽に
レンジで温泉卵

材料／１個分

卵……………………………………１個

a
- 水…………………………小さじ１
- めんつゆ（３倍濃縮）……小さじ½

1個分86kcal　塩分0.5g

作り方

1 耐熱のマグカップに水大さじ３（分量外）を入れ、冷蔵庫から出したばかりの卵を割り入れる。さらに、上から水を大さじ１加える。

●このとき卵の上に水がかぶっていることを確認し、もし黄身が出ていたらかぶるまで水を追加する

2 **ふんわりとラップをかけ、電子レンジの中央に置き、600Wで１分加熱する**（水温が約70℃まで上がる）。

3 とり出して湯を捨て、卵を器に移してaをかける。

●卵が大きいと、白身がかたまらないことがある。そのときは、10秒ほど追加加熱する。

レンジで作るコツ

❶かならず卵を水に沈める

卵を水の中に沈めて加熱することで、黄身が破裂するのを防ぐ。マグカップが大きい場合は、黄身が水面から出てしまうことがあるので水の量を増やす。

❷1個ずつ加熱する

温泉卵は１個ずつ作るほうが失敗なくできる。続けて２個目以降を作るときは、電子レンジ庫内が温まっているので、加熱時間は10秒ほど短くする。

失敗しない！ 絶品煮卵

保存目安
冷蔵
約5日

材料／４個分

卵……………………………………４個
めんつゆ（３倍濃縮）1/2カップ　水…… 1/4カップ
1個分87kcal　塩分0.5g

作り方

1 ボールに冷水を用意する（水１ℓに氷500g）。
2 なべに水１ℓを入れて沸騰させる。冷蔵庫から出したばかりの卵を玉じゃくしで１個ずつ静かに入れ、**中火で６分ゆで、**火を消す。
3 卵を網じゃくしで1に移し、３分浸す。氷水の中で殻をむく。
4 600～700mℓ容量の密閉容器にめんつゆと水、3を入れ、卵の上にキッチンペーパーをかぶせる。**ふたをして、冷蔵庫で４時間以上おく。**

●煮卵をめんつゆからとり出して保存容器に入れ、冷蔵で保存できる。（つゆに漬けたままだと味が濃くなりすぎるため、とり出した方がよい）

卵とコレステロールの関係

ときどき「コレステロールが気になるから卵は食べない」というかたもいらっしゃいますが、卵の優れた栄養価と手軽さを考えると、それはもったいないことです。食事からとるコレステロールの影響は個人差が大きく、影響を受ける人と受けない人の比率は半々といわれます。

高LDLコレステロール血症の人は1日1個以下にしたほうがよいですが、それ以外の人は1日１～2個を目安にしましょう。

ふっくらやさしい甘み

油揚げのほたほた煮

保存目安
冷蔵 約5日
冷凍 約1か月

「油揚げのほたほた煮」は私の好物の常備菜の一つ。箸《はし》で持ち上げたときに、煮汁がほたほたとしたたる様子から名づけました。おいしく仕上げるポイントは、**しっかり油抜きをすること。**味がしみ込みやすくなります。そして、油揚げの素朴な味が生きるよう、**だしは使わず水で煮ること。**

私の住む福岡は、香川と並ぶうどん県。コシの強い讃岐うどんに対して福岡のうどんはやわらかで、このふっくらとしてやさしい甘味のほたほた煮とよく合うのです。ごはんにのせて削り節とわさびをのせる、なんていう食べ方もおいしいですよ。

材料／作りやすい分量（８枚分）

油揚げ（正方形のもの※）８枚（120g）
水……２カップ
a 砂糖……大さじ４
a みりん・うす口しょうゆ……各大さじ２

1枚分155kcal　塩分1.4g
※長方形なら４枚を２つに切る。

作り方

1 なべにたっぷりの水（分量外）を入れて沸かし、油揚げを入れる。煮立ってきたら木べらでおさえながら５分ゆで（写真）、湯を捨てる。

2 1のなべにaを入れ、分量の水を注ぐ。落としぶた（または中央に切り目を入れたアルミホイル）をかぶせ、**中火で10分煮て火を消す。**さめたら煮汁ごと保存容器に移す。

油揚げがなるべく熱湯につかるように木べらでおさえながらゆでる。

「きつねうどん」のつゆの作り方

材料と作り方／２人分

なべに水$2\frac{1}{2}$カップと混合削り節（サバ・カツオなど）20gを入れて火にかけ、煮立ったらアクを除き、ふつふつする程度の弱火で５分煮出して火を消す。濾してうす口しょうゆ・酒各小さじ２、砂糖小さじ１、塩小さじ$\frac{1}{2}$を加えて煮立て、アルコール分をとばす。混合削り節特有のにおいを消すために酢小さじ１を加えて火を消す。

博多のきつねうどん

材料／２人分

うどん（冷凍）…………… ２袋（400g）
つゆ（52ページ）……………２カップ
油揚げのほたほた煮（52ページ）
………………………………… ４枚
小ねぎ（小口切り）・七味とうがらし
……………………………… 各少量

1人分383kcal　塩分3.7g
●栄養価は汁70％摂取として算出。

作り方

うどんはゆでて湯をきり、丼に入れ、温めただしを注ぐ。油揚げのほたほた煮と小ねぎをのせ、好みで七味とうがらしをふる。

油揚げと水菜のはりはりなべ

ふっくらとした油揚げと、水菜の食感を楽しむ。

材料／2人分

油揚げのほたほた煮(52ページ)････4枚
水菜(4～5㎝長さに切る)･･････ 200g
a ［水････････････････････････2¼カップ
　 こんぶ･････････････････5㎝角1枚
　 削りガツオ････････････････････ 6g
b ［酒・うす口しょうゆ‥各大さじ1

1人分185kcal　塩分2.7g
●栄養価は、汁70%摂取として算出。

作り方

1 耐熱容器にaを入れ、ラップをかけずに電子レンジ(600W)で5分加熱する。漉《こ》してbを加える。
2 なべに水菜と油揚げのほたほた煮を入れ、1を注ぐ。火にかけ、水菜に火が通ったら油揚げとともにいただく。

ほたほた煮のりんご添え

りんごの自然な甘味と相まっておつな味に。

材料／2人分

油揚げのほたほた煮(52ページ)････2枚
りんご(芯《しん》を除く)･････････½個(100g)
a ［砂糖････････････････････大さじ1
　 レモン果汁･･･････････････小さじ1
練りわさび･････････････････････････少量

1人分130kcal　塩分0.8g

作り方

1 油揚げのほたほた煮は縦長に4つに切る。
2 りんごは4等分にくし形に切り、耐熱ボールに入れてaをかける。ふんわりとラップをかけて電子レンジ(600W)で2分加熱する。
3 器に1と2を盛り、2の煮汁をかけてわさびを添える。

うどんは乾めんを2～3㎝長さに折る。タピオカでんぷんを使ってコシを出しているものが多い一般の冷凍うどんより、乾めんのほうが煮込んだときにやわらかくなる。

食べやすくするヒント

うどんは乾めんを使い とろとろに煮る

ほたほた煮の王道メニュー、煮込みうどんを食べやすくするコツを紹介します。うどんは乾めんを使ってやわらかくなるまで充分に煮ます。煮ている間に汁に適度なとろみがついて飲み込みやすくなります。ただし、乾めんは塩分を多く含んでいるので、下ゆでして塩を落としてから使いましょう。

うどんから出たとろみも生かして。

やわらか煮込みうどん

材料／２人分

- うどん……乾60g
- 油揚げのほたほた煮（52ページ）……2枚
- だし……2カップ
- a
  - うす口しょうゆ・酒・砂糖……各小さじ１
  - 酢……小さじ½
- かたくり粉……小さじ１
- 水……小さじ２
- 小ねぎ（小口切り）……少量

１人分 153kcal　塩分 1.5g

作り方

1. うどんは２～３㎝長さに折る。熱湯でやわらかくゆでて水で洗い、水けをきる。
2. 油揚げのほたほた煮は半分に切ってから細切りにする。
3. なべにだしと1、2を入れて中火にかけ、うどんが充分にやわらかくなるまで煮る。aを加え、水どきかたくり粉を少しずつ加えて様子を見ながらとろみをつける。小ねぎを加えて火を通す。

細切りにする

ほたほた煮は細切りにしてから、だしでじっくり煮込む。

おやつにも、おかずにも

ゆであずき

保存目安

冷蔵
約1週間

冷凍
約2か月

あずきは、昔から季節の行事や儀式に欠かせない豆ですが、たんぱく質を含むなど、その栄養成分も優れています。甘く煮たあずきは保存もきくので、まとめて多めに作って、アレンジを楽しんでみてはいかがでしょうか。

ゆであずきは、あずきの渋（アク）抜きや砂糖の量が味を決める大事な要素。でも、作り方はとてもシンプルです。**豆はもどさず、1回目のゆで汁は捨て、砂糖は豆と同量に。**そしてゆで上がりを一晩冷蔵庫でねかせている間に、豆の中まで甘味がじわじわと浸透して、それはおいしく仕上がります。

材料／作りやすい分量
（でき上がり750g）

あずき・砂糖……………………各250g
水………………………………5カップ
塩……………………………小さじ½

⅒量181kcal　塩分0.2g

作り方

1 あずきは洗ってざるにあげる。なべに入れて水5カップ（分量外）を加え、ふたをして火にかける。沸騰したらふたをとり、強火で5分、ゆで汁が茶色になるまでゆで、ざるにあげて水けをきる（写真）。

2 なべに戻し、分量の水を加えて強火にかける。沸騰したら弱火にしてアクを除く。落としぶたをして、さらにふたを少しずらしてのせ、1時間半ゆでる。途中で豆が水面から顔をのぞかせるようなら、水を1カップほど足す。

3 あずきが充分やわらかくなったら、砂糖と塩を加えて混ぜる。砂糖がとけたら、弱火でさらに10分煮て火を消す。

4 保存容器に移し、さめたら冷蔵庫で一晩ねかせる。

5分ゆでたら、一度ゆで汁を捨てる（ゆでこぼし）。これでアクが除かれて、渋味やえぐ味のない上品な味に。

とろとろおしるこ

材料／２人分

ゆであずき（56ページ）…………80g

水…………………………………60mℓ

1人分101kcal　塩分0.1g

作り方

1 ゆであずきと水をミキサー（またはハンドブレンダー）でなめらかに攪《かく》拌《はん》する。

2 耐熱容器に移して、電子レンジ（600W）で２分温める。

●ミキサーで攪拌すると、あずきの皮が粉砕されて、ちょうどよいとろみがつく。飲み込みにくい人も皮がのどにひっかかってむせることなく安心。

鶏肉とあずきの煮物

あずきを砂糖代わりに。鶏肉と合います。

材料／2人分

鶏もも肉 ………………………… 200g

a
- オイスターソース（またはしょうゆ）……大さじ1
- 辣油《らーゆ》……………………小さじ1

ゆであずき（56ページ） ………… 70g

1人分319kcal　塩分1.3g

作り方

1 鶏肉は一口大に切って耐熱ボールに入れ、aを加えてからめる。ゆであずきを加え、両端を少しあけてラップをかけ、電子レンジ（600W）で4分加熱する。

2 全体を混ぜる。

ミルクあずき

私の定番のおやつ。ほんの一口でも、疲れがやわらぎます。

材料／2人分

ゆであずき（56ページ） ………… 80g

牛乳 ……………………… ½カップ

1人分136kcal　塩分0.2g

作り方

器2個にそれぞれゆであずきを入れ、牛乳を注ぐ。

「こしあん」を作るには？

「ゆであずき」を使って「こしあん」を作ることもできます。この方法なら、わざわざ裏ごししなくても、なめらかな口当たりに仕上がりますよ。

作り方

1 ゆであずきの煮汁をきって、フードプロセッサーでなめらかになるまで攪《かく》拌《はん》する。

2 なべに移して強火にかけ、泡立て器で混ぜながら水分をとばす。水分が充分にとんだら完成（写真）。

泡立て器で混ぜたあとに筋がついてなべ底が見える程度まで、しっかり水分をとばす。

手作りならではのやさしい味わい

豆で整える栄養バランス

たんぱく質は、動物性と植物性の両方をとることがたいせつ。「植物性たんぱく質は大豆でなくちゃ」と思われるかもしれませんが、じつはあずきやいんげん豆などにも、たんぱく質は含まれているのです。豆には、ミネラルやビタミンも含まれるので、食事に積極的にとり入れてみましょう。

ゆで豆（1カップあたり）のたんぱく質の量

大豆（135g）	20.0g
あずき（150g）	12.9g
いんげん豆（150g）	14.0g
ひよこ豆（150g）	14.3g
レンズ豆（130g）	14.6g

ラクうまキッチン❶

一度使えばもう手放せない!
「シニアの三種の神器」

私のキッチンでは、なべとフライパンのほかに、「電子レンジ」「圧力なべ」「フードプロセッサー」があり、大活躍しています。この3つは、「シニアの三種の神器」といっても過言ではないと思っています。教室でも、最初はとまどうようですが、一度使ってその便利さがわかると、「こんなに簡単だったなんて！」と、皆さん驚き、ハマられます。

筆頭の**「電子レンジ」**は12ページでも紹介しましたが、温め直すだけではなく、少人数分の煮る、蒸す、ゆでるなどの時短調理が得意。あとかたづけもラクで、さらに、火を使わない安心感もあります。

「圧力なべ」は、噛む力が弱くなっているかたに、とても便利な器具です。煮くずれずに形を保ったまま、歯茎でつぶせるほどやわらかくでき、素材の味を堪能できます。しかもなべよりずっと短時間でできます。ふたの着脱がしやすい、シンプルな構造で、軽くてかつ、作動中の安定性にも配慮されている製品が使いやすくおすすめです。国の安全基準を満たした「PSCマーク」がついているかも確認を。

「フードプロセッサー」があれば、めんどうな野菜のみじん切りが１分でできます。肉や魚介もみじん切りにできるので、介護食作りにも重宝します。ちなみに私は、余った肉や魚の切り身などを冷凍しておき、１か月に１度、半解凍してからみじん切りにし、肉はハンバーグやカレーに、魚介はつみれにしています。

私が使用している圧力なべは、フィスラー社の4.5ℓのもの。おひとりさまにも使いやすいサイズ。

フードプロセッサーは、少人数家庭なら、0.5ℓ程度が便利。私の愛用は、山本電気の「あじのさと Wスピード」。

LESSON 2

作りおきで簡単おいしい
野菜のおかず

野菜料理はめんどう…という人にも
大好評のラク技が盛りだくさん！
冷凍野菜や電子レンジでも、ちょっとしたくふうで
おどろくほどおいしく仕上がりますよ。
教室で人気の常備菜もご紹介します。

「冷凍パック」ですぐできる！
おかずみそ汁

私は毎朝みそ汁を欠かしません。といっても、朝からあれこれ準備はしません。具材は、冷凍庫から手作り「冷凍パック」をとり出すすだけ。このパックは、**「たんぱく質食材50g＋野菜100g」**を基本に、料理するたびに少しずつ余った肉や魚と野菜などを組み合わせておいたものです。ジャスト50g、100gにならなくてもよしと、ゆるく構えています。

　夫婦2人暮らしのときは、私が出張中のときの夫の朝食に活躍しました。これさえあれば、夫も自分で野菜たっぷりのみそ汁を用意できました。今は、ひとり暮らしの私の朝食を支えてくれています。

豚肉とにんじんとグリンピースのみそ汁

主食がパンの朝も、私はみそ汁をおかずとしていただきます。

材料／1人分

水……………………………¾カップ
煮干し …………………………4尾
冷凍パック（豚肉50g＋にんじんの角
　切りとグリーンピース合わせて100g）
　……………………………1セット
みそ………………………小さじ1～1½

1人分223kcal　塩分1.2g

作り方

1 なべに水を注ぎ、煮干しを加え、火にかける。
2 **みそ汁の具を冷凍のまま1に加える。**なべ底全体に炎が当たるくらいの強火で3～4分加熱する。
3 みそをとき入れ、火を消す。

だしは、福岡の家庭でもよく使われるうま味豊かな煮干し。小さいものはそのまま、大きいものは頭とはらわたを除く。煮干ごと食べればカルシウム源に。

電子レンジでも作れる！

1 カフェオレボールなど耐熱の器に、冷凍パックの具を冷凍のまま入れる。
2 水を120mℓ注ぎ、だし入りの液体みそ大さじ1を加える。
3 ふんわりとラップをかけ、電子レンジ（600W）で6分加熱する。

余り物を冷凍しておけば
すぐにみそ汁が作れます！

組み合わせいろいろ！「冷凍パック」

保存目安
冷凍
約1か月

たんぱく質源の肉や魚、卵、豆製品と、野菜や芋、海藻、きのこを組み合わせれば、無限に広がります。残り物には福がある！組み合わせで変わる味わいをお楽しみください。みそ汁の作り方は62ページと同様に。

1人分
たんぱく質食材（50g） ＋ **野菜（合わせて100g）**
が基本です

豆腐 ＋ **ブロッコリーと大根**

豆腐は冷凍するとすが入りますが、その食感も案外楽しい。
1人分100kcal　塩分1.2g

油揚げ ＋ **玉ねぎと大根葉**

大根の葉や茎も捨てずに刻んで袋に入れて。
1人分274kcal　塩分1.2g

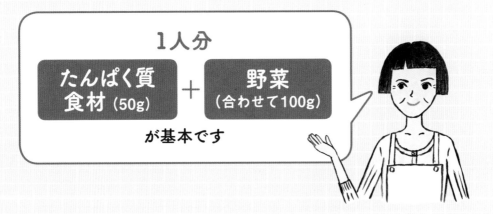

アサリ ＋ 小松菜とにんじん

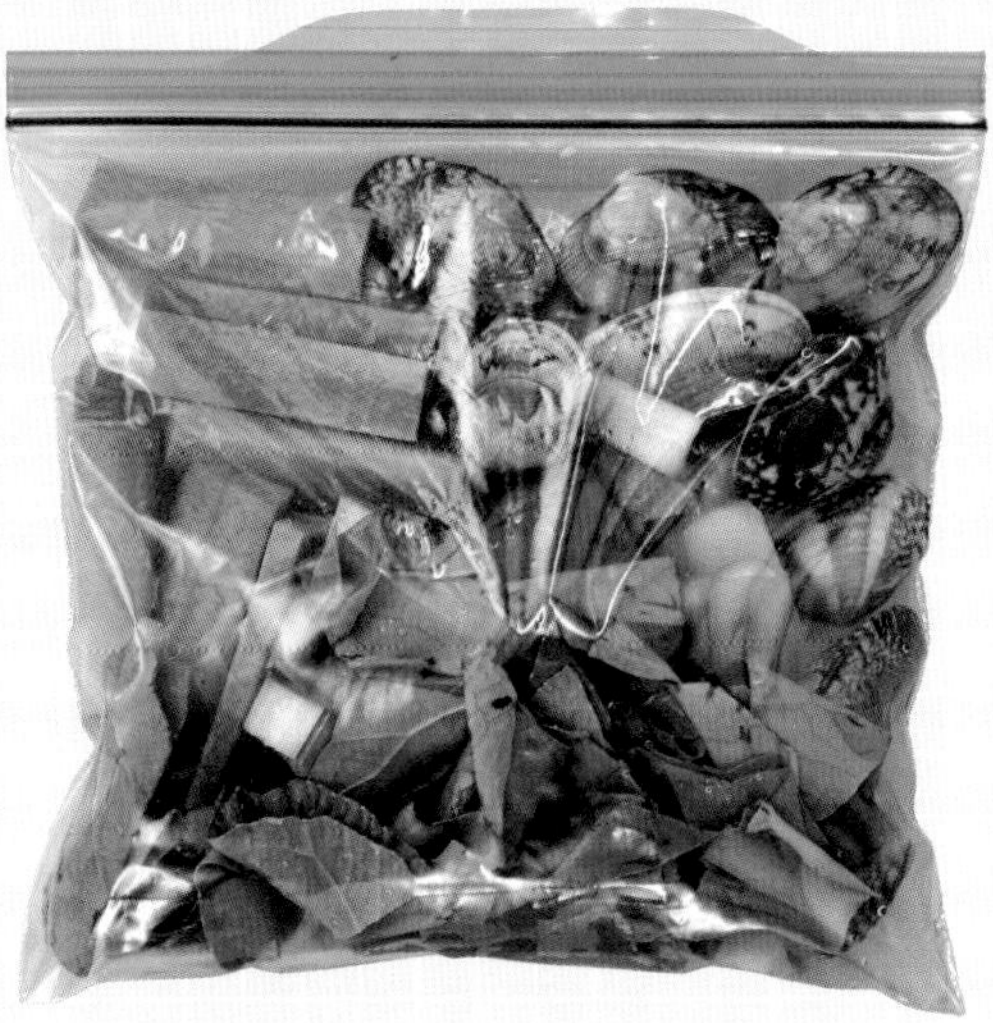

アサリ（殻つきで100g）は砂抜きしたものを生のまま冷凍します。

1人分78kcal　塩分2.3g

豚ひき肉 ＋ ズッキーニと春菊

ひき肉はラップに包んで。なべに移すときはラップの上からほぐして入れます。

1人分174kcal　塩分1.3g

サケ缶 ＋ 大豆もやしと小松菜

使いきれなかった缶詰めもこうして利用すると、いいだしが出ておいしい。

1人分149kcal　塩分1.4g

サバ缶 ＋ かぼちゃとキャベツ

緑黄色野菜と淡色野菜を組み合わせるのが理想的。

1人分190kcal　塩分1.5g

新たな魅力発見！

昔ながらの常備菜

保存目安
冷蔵
3〜4日

料理教室でまかないごはんを作っていると、生徒さんたちが寄ってきてはつまんで味みをされ、「これこれ、こういうのを習いたかったのよ〜」とおっしゃるのが、昔ながらの野菜料理です。

平凡ながら、コツをおさえて作ると、見た目も味わいもぐんとアップし、おもてなしにも重宝する一品になります。特にこの3品は、これまで数々の祝儀、不祝儀のお膳《ぜん》に作ってきました。

「きゅうりもみ」は、冴《さ》えた緑と歯ごたえが命。それを生かす下ごしらえを。「たたきごぼう」は、圧力なべを使えば、短時間で、たかずにおいしく作れます。

きゅうりもみ

下ごしらえのおかげで、緑が鮮やかになって歯ごたえ抜群に。

材料／２人分×２回

	きゅうり	４本
	塩	小さじ$\frac{1}{2}$
三杯酢	酢	大さじ３
三杯酢	だし（または水）・砂糖	各大さじ１
三杯酢	塩	小さじ$\frac{1}{4}$
三杯酢	しょうゆ	小さじ$\frac{1}{2}$
	しょうがのせん切り	適量

1人分24kcal　塩分0.9g

作り方

1 きゅうりは洗って塩（分量外）を少しつけて、全体に塩をまぶしながらごしごしとこする。

2 なべに湯を３カップほど沸かし、ボールに氷水を用意する。きゅうりを１本ずつ10秒ほど湯にくぐらせ、氷水に入れる（左ページ写真）。

3 スライサーで薄切りにし、ボールに入れて、塩をふってさっと混ぜ、４〜５分おく。しんなりとなったら厚手のキッチンペーパーで包み、キュッとねじって水けを絞る（キッチンペーパーで包んで水けを絞ることで、形がくずれず、歯ごたえもよくなる）。

4 ボールに三杯酢の材料を合わせ、しょうがを加えて混ぜる。3をほぐして加え、さっとあえる。

●保存容器に入れて冷蔵で保存できる。

ごぼうは圧力なべで炊く

ごぼうは圧力なべで炊くと、たたかなくてもやわらかく、味もしみ込みやすくなる。

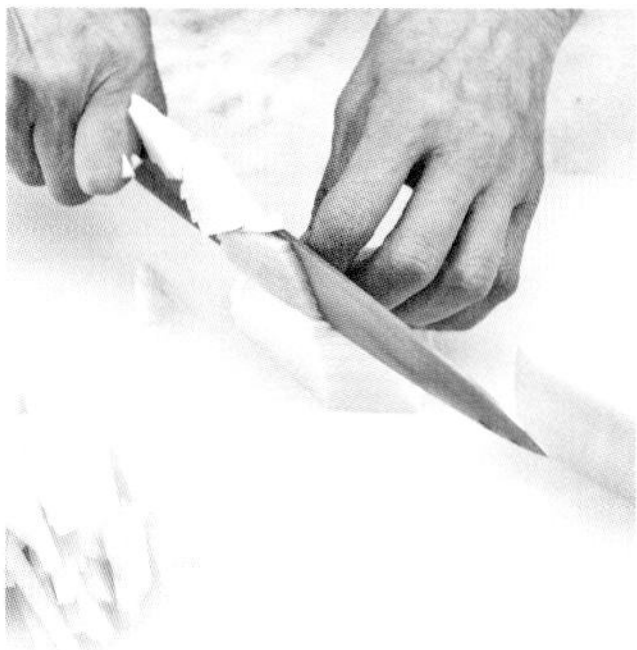

大根は水分が出やすい切り方に

大根は繊維に沿って切ってから繊維を斜めに断つように切ると、少量の塩でも水分が出やすい。

きゅうりは塩でこすって沸騰湯にくぐらせる

長さの半分を約5秒浸し、すぐ持ちかえて反対側も約5秒浸し、氷水でさます。緑が冴える。

大根のみそなます

まろやかな白みその味わいをからしが引きしめます。

材料／２人分×２回

大根……………………………300g
にんじん ……………………………30g
塩……………………………小さじ$\frac{1}{2}$

a
- 砂糖 ……………………大さじ２
- 白ワインビネガー※ ……大さじ１
- 白みそ……………………大さじ１
- 塩 ………………小さじ$\frac{1}{5}$弱
- ときがらし ……………小さじ$\frac{1}{2}$

1人分46kcal　塩分1.0g

※米酢を使う場合は大さじ11/2にする。ワインビネガーは米酢より酸味が強いので、使用量が少なくてすみ、美しく仕上がる。

作り方

1 大根は５㎝長さに切ってから縦に５㎜厚さに切り、重ねて斜めに細切りにする（67ページ写真）。にんじんは５㎝長さに切り、せん切りにする。

2 ボールに1を入れ、塩をふって混ぜる。10分おいて水けが出たらかたく絞る。

3 ボールにaを合わせ、2を加えてあえる。

●保存容器に入れて冷蔵で保存できる。

たたきごぼう

ポリポリとスナック感覚でつい手が伸びます。

材料／2人分×3回

ごぼう（細いもの）……………… 300g

a
- 水……………………… 1カップ
- うす口しょうゆ・みりん ……………………… 各大さじ2

酢…………………………小さじ2

だしパック（粉だし）… 1パック（7g）

すり白ごま…………………大さじ2

1人分58kcal　塩分1.5g

作り方

1 ごぼうは皮をこそげ、12㎝長さに切って圧力なべに入れる。水3カップ（分量外）を加え、ふたをして火にかけ、圧がかかったら弱火にして1分加熱し、火を消す（67ページ写真）。圧が下がったらざるにあげ、長さを半分に切る。ごぼうが太ければさらに縦

2 4つ割りにする。

3 なべにaと1を入れ、強火で汁けがなくなるまで7～8分煮、よくさます。

2をボールに入れ、酢をかけて混ぜる。だしパックの中身を加えてまぶし、すりごまを加えて混ぜる。

●保存容器に入れて冷蔵で保存できる。

圧力なべを使わない場合は?

普通のなべで煮る場合は、水5カップを入れ、やわらかくなるまで30～40分煮る。4～5本ずつまな板に並べ、めん棒でたたく（形をこわさず、芯《しん》の部分の繊維がほぐれるようにまわしながら軽くたたく）。

食べやすくするヒント

ここでは1分加圧ですが、3分加圧にすれば、形はそのままに、フォークで楽につぶせるくらいやわらかく仕上がります。

もどし方にワザあり！
乾物のおかず

保存目安
冷蔵 5日
冷凍 約１か月

乾物の煮物は冷凍もできて１か月くらいもちますので、まとめて作っておくと便利です。アレンジもしやすく、常備菜としても役立ちます。わが家で長年作り続けてきた、乾物おかずを紹介します。

　うま味の宝庫の干ししいたけは、時間をかけて冷水でもどすと、うま味を残しながらふっくらともどすことができます。切り干し大根はもみ洗いをして、かんぴょうはやわらかくゆでてもどします。こうした下ごしらえは少し手がかかるように感じるかもしれませんが、乾物のうま味や甘味を逃さず、しっとり仕上げるワザなのです。

かんぴょうの含め煮

きゅうりもみに加えても。

材料／２人分×２回（でき上がり180g）

- かんぴょう……………………乾30g
- 水……………………………３カップ
- a［しょうゆ・砂糖……各大さじ３

1人分55kcal　塩分2.0g

作り方

1 かんぴょうは20㎝長さにはさみで切る。水でぬらし、塩小さじ１をかけてもみ、水洗いする。

2 なべに入れ、分量の水を注いで１時間おく。そのまま火にかけて煮立ったら、中火でやわらかくなるまで約10分ゆでる（左ページ写真）。

3 aを加えて、中火で煮汁の量が¼程度になるまで約10分煮て火を消す。

●保存容器に入れて、冷蔵または冷凍で保存できる。

切り干し大根の煮物

にんじんの甘味とよく合う。

材料／２人分×３回（でき上がり360g）

- 切り干し大根…………………乾40g
- にんじん………………………100g
- 油揚げ……………………１枚（15g）
- 水……………………………２カップ
- ちりめんじゃこ………………大さじ２
- a［ごま油…………………………小さじ１
- 　 しょうゆ・みりん……各大さじ２

1人分71kcal　塩分1.1g

作り方

1 切り干し大根はたっぷりの水を入れたボールの中で、手早くほぐしながらもみ洗いする（左ページ写真）。両手ですくってざるにあげ、水けをかたく絞り、ざくざくと切る。

2 にんじんは長めの乱切りにする。油揚げは横半分に切ってから細切りにする。

3 なべに1を入れ、分量の水を注ぐ。2、ちりめんじゃこ、aを加えて混ぜ、落としぶたをして強火にかける。煮立ったら中火にし、切り干し大根が充分やわらかくなって煮汁の量が¼程度になるまで約15分煮る。

●保存容器に入れて、冷蔵または冷凍で保存できる。

干ししいたけはゆっくり時間をかけてもどす

水につけて冷蔵庫に一晩おくと、うま味を保ったままふっくらともどせる。

かんぴょうはゆでてもどす

塩でもみ洗いしたあと水に1時間ほど浸し、やわらかくなるまでゆでる。塩もみをすることでよりやわらかくゆで上がり、調味料がしみ込みやすくなる。

切り干し大根は浸さずに洗う

水にしばらく浸すことはせず、もみ洗いだけにすると、もどし汁に甘味が流出するのを防げる。

しいたけのつや煮

うま味をたっぷりと含ませ、しっとり煮上げて

材料／2人分×2回(でき上がり240g)

干ししいたけ
…乾40g（大なら4枚、中なら8枚）
干ししいたけのもどし汁…1½カップ

a
- しょうゆ……………大さじ2½
- 砂糖・みりん………各大さじ4

1人分85kcal　塩分1.6g

作り方

1 しいたけは2カップの水に浸して冷蔵庫に入れ、一晩おく（・71ページ写真）。

2 1のしいたけの軸を切って石づきを除く。笠《かさ》と軸をなべに入れ、もどし汁を注いでaを加え、火にかける。

3 煮立ってきたらアクを除き、落としぶたをする。ふつふつと煮立つ程度の中火で煮汁の量が¼程度になるまで約20分煮る。火を消してさます。

● 1の状態でも、3のでき上がりでも、冷蔵で約1週間、冷凍で約1か月保存できる。

急ぐときはぬるま湯で

干ししいたけを戻す場合、急ぐときは、砂糖小さじ1を加えたぬるま湯に30分ほどつけてもどしてもよい。うま味は少しもどし汁に逃げるが、砂糖を少量加えると、その流出をおさえられる。

乾物の煮物を巻きずしの具に

半切りサイズののりを使うと、巻きやすく、巻きすを使わなくても失敗なく作れます。

かんぴょうとしいたけの巻きずし

材料／4本分

かんぴょうの含め煮（70ページ）…………60g（⅓量）
しいたけのつや煮（右ページ）…………60g（¼量）
焼きのり（半切りサイズ）……… 4枚
すし飯※……………米1合分（320g）
練りわさび…………………… 適量

※炊きたてごはん1合分を飯台またはボールに広げ入れ、酢・砂糖各大さじ1と塩ミニスプーン1をよく混ぜ合わせてまわしかけ、全体を混ぜてさます。

1本分193kcal　塩分1.4g

作り方

1 かんぴょうはのりの幅に合わせて切る。しいたけは薄切りにする。手水（水1カップ+酢大さじ1）を用意する。

2 まな板にのりを1枚、縦長に置く。手に手水をつけながらすし飯の¼量を均等に広げ、向こう側は2cmほど、手前は1cmほどのりを残しておく。

3 手前から5cmのところにわさびを指で横一文字にのばし、1の各¼量を並列にのせる（写真）。

4 手前ののりとすし飯を持ち上げ、具に重ねるように巻く。残りも同様にして作る。巻き終わりを下にして少しおく。それぞれ4等分に切る。

切り干し大根とにんじんの巻きずし

材料／4本分

切り干し大根の煮物（70ページ）…………120g（⅓量）
焼きのり（半切りサイズ）………4枚
すし飯（上記）……… 米1合分（320g）
ベビーリーフ………………… 50g
いり白ごま…………………… 少量

1本分265kcal　塩分2.0g

作り方

1 かんぴょうとしいたけの巻きずし（上記）の作り方2、3と同様にし、中央にベビーリーフの¼量をのせ、煮汁をしっかり絞った煮物の¼量をのせ、いりごまをふる。

2 かんぴょうとしいたけの巻きずしの作り方4と同様にする。

お悩み解決！
野菜のラク技

その1 野菜はまとめて下ごしらえ

野菜の下ごしらえがめんどうで、せっかく
買った野菜をむだにしてしまうことがあります。
どうしたらいいでしょう。

購入したら、すぐにまとめて下ごしらえするのがおすすめです。

シニア世代になり、おひとり、おふたりの生活では野菜の調理がおっくうですね。私は購入したらすぐに切るなり、レンジ加熱するなりして下ごしらえをし、冷蔵保存しています。味はあまりつけないほうが使い勝手がいいですよ。

大根

1本まるごとでは持て余すので、½本買います。おろし用に適量残し、残りは一口大の乱切りにしてレンジ加熱（⅓本・300gで約6分）しておきます。煮物にしたり、温めてからしみそをつけて食べたり。

●保存の目安は冷蔵で3〜4日。

かぼちゃ

皮をところどころむき、食べやすい大きさに切って耐熱ボールに皮を下にして並べ、砂糖と塩をふり（200gに対して砂糖大さじ1、塩少量）、ラップをかけてレンジ加熱（200gで約4分）しておきます。そのままでも、フォークでつぶしてサラダにしても。

●保存の目安は冷蔵で3〜4日。

なす

3㎝くらいの厚さに切って、レンジ加熱（2本・150gで約3分）しておきます。いため物、みそ汁、あえ物でも。いため物は少ない油でもおいしく仕上がります。

●保存の目安は冷蔵で3～4日。

キャベツ

せん切りにして塩少量を混ぜておきます。にんじんもあればせん切りにして加えます。うす味にしておけば、組み合わせる主菜の味をじゃましません。

●保存の目安は冷蔵で2～3日。

じゃが芋

皮つきのままポリ袋に入れ、さらに耐熱性の保存容器に入れてふたをせずレンジ加熱し（1個・150gで約3分。ポリ袋に入れるとまんべんなく蒸気がまわり、加熱むらが防げる）、切っておく。サラダでもみそ汁でも。

●保存の目安は冷蔵で3～4日。

ごぼう

5㎝長さくらいに切って圧力なべでやわらかく煮ておきます。たたきごぼう（69ページ）にしたり、煮物にしたり。

●保存の目安は冷蔵で3～4日。

その2 5分でできる100gレシピ

Q 野菜が足りないなと思ったときに、簡単ですぐに作れるおかずを教えてください。

A レンジや便利な調味料を活用してみましょう！

野菜には、素材の味わいや、香り、歯ごたえなど魅力がたくさんありますが、うま味は少なめです。そこをもうひと押しする、調味料やうま味素材をプラスしましょう。それらを混ぜ合わせてからで電子レンジでチンすれば、魅力あふれる一品になりますよ。

キャベツのわかめあえ

わかめスープのもとを使ってあえるだけ！

材料／作りやすい分量・２人分

キャベツ……200g

a
- わかめスープのもと（市販品）……１パック（約６g）
- ごま油……小さじ１

１人分55kcal　塩分0.8ｇ

作り方

1. キャベツは３〜４㎝角に切る。
2. なべに湯を沸かし、1をざるに入れて10秒ほど沈め、引き上げる。
3. ボールにキャベツを移し、aを加えて混ぜる。

ピーマンのじゃこいため

ビタミン豊富なピーマンがペロリと食べられる！

材料／１人分

ピーマン……………………１袋（100g）
ちりめんじゃこ………………大さじ１
a［ごま油……………………小さじ１
　しょうゆ…………………小さじ½］

１人分73kcal　塩分0.8ｇ

作り方

1. ピーマンは縦半分に切ってへたと種を除き、乱切りにする。
2. aを合わせ、ちりめんじゃこを加えて混ぜる。
3. 耐熱ボールに1を入れて2をのせ、ふんわりとラップをかけ電子レンジ（600W）で１分加熱する。とり出して混ぜる。

もやしのピリ辛あえ

レンチンしたもやしをナムル風に

材料／作りやすい分量・２人分

もやし……………………１袋（200g）
a［ごま油……………………小さじ１
　赤とうがらしのみじん切り
　……………………………小さじ⅙
　塩 ……………………………少量］

１人分34kcal　塩分0.5ｇ

作り方

1. 耐熱ボールにもやしを入れ、ふんわりとラップをかけて電子レンジ（600W）で２分加熱する。
2. ざるにあげて水けをきり、ボールに戻し、aを加えてあえる。

まとめ作りが便利！ 刻み赤とうがらし

市販の小口切りとうがらしを使ってフードプロセッサーやミルで刻めば、種を除く手間が省け、手軽に作れます。鮮やかな赤色と、ピリッとした辛味の中に豊かな風味が感じられ、料理の味がぐんと上がります。ペペロンチーノにもおすすめ。まとめ作りして、小さい保存容器などに入れて常温で保存しましょう。

その3 冷凍野菜のおいしい使い方

最近スーパーでいろいろな冷凍野菜を見かけます。便利そうだなと思いつつ、栄養や味が気になるんですよね。

簡単なコツで冷凍野菜でもおいしく作れますよ！

冷凍野菜は、技術の向上で、以前よりもぐっと風味がアップしました。ちょっとしたコツをおさえて調理すれば、生と遜色《そんしょく》なくおいしい野菜のおかずが手軽に作れますよ。

栄養面についても、旬の時季に収穫した野菜を急速冷凍しているため、大きな損失はありません。生野菜は保存中に徐々に栄養価が落ちますが、冷凍ならその心配がなく、買いおきしやすいのも便利ですね。

村上さんのおすすめ冷凍野菜

冷凍かぼちゃ

生は皮がかたくて下ごしらえがたいへんなかぼちゃこそ冷凍野菜の出番！ 冷凍でも食感や風味が変化しにくく、調理しやすい。

冷凍野菜ミックス

里芋やにんじん、れんこんなど、下ごしらえにひと手間かかる多種類の野菜がとれる。以前はかたかった冷凍里芋も最近は美味に。

冷凍アスパラ

生のアスパラは鮮度が落ちるのが早いが、冷凍なら保存しやすく、食べたいときに使える。食感や風味もよい。

冷凍いんげん

肉や魚のつけ合わせや、煮物の彩りなど、気軽に使いやすい。冷凍技術の進歩で、風味や食感もアップしている。

冷凍野菜ミックスで筑前煮

冷凍&レンジでパパッと本格煮物

材料／2人分

鶏もも肉 ……………… 1/3枚（100g）
冷凍の和風野菜ミックス ……… 150g
a［しょうゆ・砂糖・酒 ‥ 各大さじ1
b［かたくり粉 …………… 小さじ1/2
　　水 ……………………… 小さじ1

1人分174kcal　塩分1.5g

作り方

1 鶏肉は6つに切り、耐熱ボールに入れて、aを加えてからめ、冷凍野菜ミックスをのせる。

2 オーブンシートをかぶせて耐熱の小皿をのせ、ラップをかけて両端を少しあけ（箸《はし》が1本入る程度）、電子レンジ（600W）で7分加熱する。

3 小容器にbを合わせ、2の煮汁を加え混ぜる。2のボールに戻し入れて混ぜ、余熱で全体にとろみをつける。

レンジで煮物を作るコツ

レンジ調理は少ない煮汁で作るため、味むらを防ぐために、落としぶたの代わりに小皿をのせて加熱します。さらに、野菜から出た水分も含んだ煮汁に、水どきかたくり粉を混ぜて、全体にからめることでより味がなじみます。

市販のごまだれを活用して。

いんげんのごまあえ

材料／２人分

冷凍さやいんげん………………200g
ごまだれ（市販品）…………大さじ２
１人分77kcal　塩分0.4ｇ

作り方

1 耐熱容器に厚手のキッチンペーパーを２枚重ねて敷き、冷凍さやいんげんをのせ、ふんわりとラップをかけて電子レンジ（600W）で２分加熱する。

2 キッチンペーパーごとさやいんげんをとり出し、５㎝長さに切る。耐熱容器の水けをふき、さやいんげんを入れ、ごまだれをかける。

3 ふんわりとラップをかけて電子レンジで１分加熱し、とり出して混ぜる。

レンチン2回で余分な水分を除くことが味の決め手！

冷凍野菜はそのまま電子レンジで調理すると、水分が出て味がぼやけてしまいます。そこでまず厚手のキッチンペーパー（電子レンジ対応のもの）の上に冷凍野菜をのせてレンジ加熱し、余分な水分を除きます。それから調味料を加えて加熱することで、味がしまり、おいしく仕上がります。

かぼちゃがほくほくに。隠し味にめんつゆを。

かぼちゃのバター煮

材料／２人分

冷凍かぼちゃ……………………200g
バター ………………………大さじ１
めんつゆ（３倍濃縮）………小さじ１

１人分131kcal　塩分0.4ｇ

作り方

1 耐熱容器に厚手のキッチンペーパーを２枚敷き、冷凍かぼちゃをのせ、ふんわりとラップをかけて電子レンジ（600W）で２分加熱する。
2 キッチンペーパーといっしょにかぼちゃをとり出す。耐熱容器の水けをふき、かぼちゃの皮を下にして置き、バターを１cm角に切ってのせ、めんつゆをかける。
3 ふんわりとラップをして電子レンジ（600W）で２分加熱する。とり出して混ぜる。

２回のレンチンで、ソテーのような風味に

アスパラのガーリックいため風

材料／２人分

冷凍アスパラガス ………………200g
オリーブ油…………………小さじ２
乾燥ガーリック（あらびき）※ …小さじ1/4
塩……………………………… 少量

１人分62kcal　塩分0.5ｇ

※生のにんにくのみじん切りでもよい。

作り方

1 耐熱容器に厚手のキッチンペーパーを２枚敷き、冷凍アスパラガスをのせ、ふんわりとラップをかけて電子レンジ（600W）で２分加熱する。
2 キッチンペーパーごとアスパラガスをとり出す。耐熱容器の水けをふき、アスパラガスを入れ、オリーブ油をかけ、ガーリックを散らし、塩をふる。
3 ふんわりとラップをかけて電子レンジ（600W）で１分加熱する。とり出して混ぜる。

その４ お総菜の野菜アップ術

忙しいと市販のお総菜ですませたいときもありますが、とにかく味が濃いし、野菜がとれないのが悩みです。

レンジ加熱した野菜を加えましょう。

　お総菜に、レンジ加熱した野菜を加えましょう。１人分が２人分になり、気になる塩分も半分の量に。野菜もたっぷりとれて、お総菜の濃い味も生かせるから一石二鳥！　しかもお総菜の容器はそのまま電子レンジに入れられるものが多いので、加熱時にも利用できます。

レンチン野菜をプラス！

ほうれん草
200gをプラス

コンビニおでん

作り方

1 おでん１パック分の具と汁を小なべに移し、中火で温める（ゆで卵が入っているときは電子レンジで温めると、はじけることがある）。

2 ほうれん草（200g）は洗って長さを半分に切る。耐熱容器に茎を下にして入れ、ふんわりとラップをかけ、電子レンジ（600W）で４分加熱する。水にとって絞り、４㎝長さに切る。

3 器におでんを盛り、**2**を添え、汁を注ぐ。好みでときがらしをつけて食べる。

生野菜とお総菜をいっしょにレンジ加熱！

にら
100gをプラス

エビのチリソース煮

にら（100g）を3㎝長さに切って耐熱の器に入れ、エビチリ（1人分100g）を容器（耐熱）ごと返してのせる。電子レンジ（600W）で3分加熱して混ぜる。

β-カロテンが豊富なにら。チリソースとよく合う。

キャベツ
100gをプラス

八宝菜

キャベツ（100g）をちぎって耐熱の器に入れ、八宝菜（1人分100g）を容器（耐熱）ごと返してのせる。電子レンジ（600W）で3分加熱して混ぜる。

キャベツは“かさ増し”にもなって食べごたえもアップ。

なす
100gをプラス

麻婆豆腐

なす1本（100g）を輪切りにして耐熱の器に入れ、麻婆豆腐（1人分100g）を容器（耐熱）ごと返してのせる。電子レンジ（600W）で3分加熱して混ぜる。

麻婆味と相性のよいなすを加えるのが味を生かすコツ。

ラクうまアイデア
1

お総菜の油っこさと味の濃さを解消！

市販のお総菜は油っこく、味が濃いのが悩み。
電子レンジを活用して、手軽においしく、食べやすくする方法を紹介します。

芋をプラスして油っこさを解消！

鶏肉のから揚げ

じゃが芋1個（100g）を一口大に切って耐熱の器に入れ、から揚げ2個（100g）をのせ、ラップをかけて電子レンジ（600W）で3分加熱する。

から揚げの油分と
塩分がじゃが芋に
まわり、おいしく
食べられます。

水で塩分と油分を流して減らす！

筑前煮

筑前煮（100g）を耐熱の器に移し（総菜容器が耐熱ならそのままでもOK）、水を大さじ2まわしかける。電子レンジ（600W）で1分加熱し、水を捨てる。

水に調味料と油が
ほどよくとけ出し、
ちょうどよい
味わいに。

LESSON 3

手軽にごちそう ヘルシーなべ

村上流のなべは、
「水1カップ＋肉・魚100ｇ＋野菜200ｇ」が基本。
これ一品で栄養がとれるから、とってもラク。
1人分でもおいしくでき、
心も体も温まる、冬のごちそうです。

肉・魚100ｇ＋野菜200ｇがコツ！

ひとりなべ

「野菜不足が気になるけれど、めんどうなことはやりたくない」。そんな人にも受け入れてもらえるのが、村上流のひとりなべです。**「水１カップ＋たんぱく質食材100ｇ＋野菜200ｇ」が基本。**シンプルなルールがうけるようで、ひとり暮らしの男性にも好評です。

だしは、めんつゆや顆粒だしを使ってお手軽に。たんぱく質食材は、肉でも魚でも、豆腐や油揚げ、卵でも、お好みのものを。野菜も、青菜でもサラダにするようなレタスでも、なべならたくさん食べられます。芋やきのこ類、わかめなどの海藻を合わせてもよいですね。バリエーションは無限です！

鶏なべ

ごはんが進む甘辛味。

材料／１人分

鶏もも肉 ……………………… 100g
キャベツ ………………… ２枚（100g）
しめじ類 …………… １パック（100g）
水 …………………………… １カップ
a［しょうゆ・みりん …… 各大さじ１

1人分280kcal　塩分2.8g
●栄養価は、汁100％摂取として算出。

作り方

1 鶏肉は食べやすい大きさに切る。
2 キャベツは３㎝角に切る。しめじは石づきを除いてほぐす。
3 なべに分量の水とa、1、2を入れて強火にかけ、煮立ったら中火にして肉に火が通るまで６～７分煮る。火が通ったら汁といっしょに器にとって食べる（汁が少なくなったら水を足す）。

しめのお楽しみ

水を1カップほど加えてうどんなどの太めんを！

ブリのつゆしゃぶなべ

刺し身をしゃぶしゃぶに。つゆにもうま味がたっぷり。

材料／1人分

ブリの刺し身※……………………100g
水菜………………………………100g
大根・ねぎ……………………各50g
a 水……………………………1カップ
a 白だし(市販品。または3倍濃縮タイプのめんつゆ)…大さじ1
小ねぎ(小口切り)………………適量

1人分326kcal　塩分2.0g
※好みの刺し身でよい。
●栄養価は、汁100%摂取として算出。

作り方

1 水菜は4㎝長さに切る。大根は、縦4つ割りにしてからスライサーでいちょう切りにする。ねぎはねぎカッターでせん切りにする。

2 ボールに水(分量外)を張って1を入れ、しばらくおいてシャキッとしたらざるにあげて水けをきる。皿に盛り、上に刺し身をのせる。

3 なべにaを入れて強火で煮立てる。ふつふつ煮立つ程度の中火にして、2の具材を少しずつ入れる。刺し身の色が変わったら器にとり、小ねぎとともに食べる。

しめのお楽しみ

ごはんを入れて雑炊に(2～3分煮たら火を消し、ふたをして蒸らすとふっくら仕上がる)。

ひとりなべに活躍①
ねぎカッター

旅先の韓国で見つけたねぎカッターはせん切りに重宝。日本の100円ショップでも同様のものが販売されている。

ポトフ風なべ

10分ほど煮れば食べごろに。ベーコンでも。

材料／1人分

フランクフルトソーセージ※…… 100g
じゃが芋 …………………… ½個(70g)
玉ねぎ ……………………… ¼個(50g)
にんじん ………………… 小⅔本(80g)
水 …………………………… 1カップ
a［トマトケチャップ……… 大さじ1
　 顆粒ブイヨン ………… 小さじ¼
粒入りマスタード ……………… 適量

1人分436kcal　塩分2.5g
※ウインナソーセージでもよい。
●栄養価は、汁80%摂取として算出。

作り方

1 ソーセージは1cm厚さに斜めに切る。じゃが芋は皮をむいて2等分に、玉ねぎも2等分、にんじんは一口大の乱切りにする。

2 なべに分量の水とa、1を入れて強火にかけ、煮立ったら中火にしてふたをし、じゃが芋がやわらかくなるまで10分ほど煮る。器にとり、マスタードをつけて食べる。

しめのお楽しみ
もちを煮てこしょうをひとふり！

ひとりなべに活躍②
スライサー

スライサーを活用すれば、野菜のカットも苦にならず楽しくできる。大根は縦4つ割りにしてスライスすれば、いちょう切りに。薄くて火の通りも早く、食べやすい。

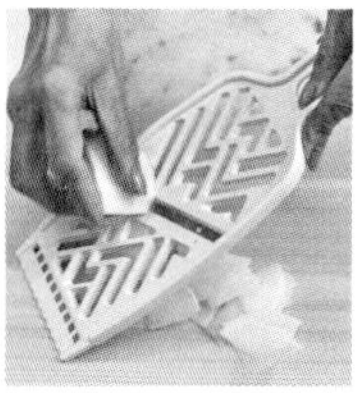

牛肉とトマトのすき焼き

肉&トマトのうま味の相乗効果で絶品!

材料／1人分

牛もも肉(しゃぶしゃぶ用)……100g
トマト……小1個(50g)
じゃが芋……小1個(100g)
ねぎ……½本(50g)
ごま油……小さじ1
砂糖……小さじ2
a［水……½カップ
　めんつゆ(3倍濃縮)……大さじ1

1人分389kcal　塩分1.9g
●栄養価は、汁100%摂取として算出。

作り方

1 トマトは幅1㎝の輪切りに、じゃが芋は皮をむいて薄切りにする。ねぎは、幅1㎝の斜め切りにする。

2 鉄なべ、またはフライパンにごま油を熱して、牛肉を並べ、砂糖をかけて両面焼きつけ、片側に寄せる。

3 じゃが芋を加え、aを加えて中火で6～7分煮て、じゃが芋がやわらかくなったら、ねぎとトマトを加え、ひと煮して火を消す。

しめのお楽しみ

ごはんを加えて焼きつけ、焼き飯風に。

厚焼き卵と春菊のなべ

つゆを含んだ厚焼き卵がおいしい！

材料／1人分

厚焼き卵（市販品）…… 1パック（100g）
玉ねぎ …………………… ½個（100g）
春菊 ……………………………… 100g
a［水 ……………………… 1カップ
　 鶏がらスープのもと（顆粒）小さじ¼
　 しょうゆ ………………… 小さじ2］
すだち（またはゆず・種を除く）… ½個

1人分218kcal　塩分2.4g
●栄養価は、汁50％摂取として算出。

作り方

1 厚焼き卵は、1.5～2cm幅に切る。玉ねぎは薄切りに、春菊は5cm長さに切る。

2 なべにaを入れて火にかける。玉ねぎ、春菊、厚焼き卵を加え、煮立ってきたら火が通ったものから、汁ごととり分けて、すだちを搾っていただく。

しめのお楽しみ
ごはんを加えて雑炊に。

野菜が主役！
お野菜おでん

保存目安
冷蔵
約1週間

寒くなると恋しくなるおでん。野菜をメーン具材にしたこんなおでんが、料理教室の生徒さんから人気です。

野菜がメーンのおでんのポイントは、**和風だしと、顆粒ブイヨンのダブル使いをすること。**和風だしだけだとちょっともの足りないのですが、顆粒ブイヨンを合わせて使うと、動物性のうま味がきいて、これが現代人の嗜好《しこう》にぴったりなのです。大根やにんじんなどの具材がやわらかく煮えたら、仕上げにゆでた青菜とミニトマトを加えて彩り鮮やかに完成です。冷蔵で1週間くらいはもちますから、多めに作れば野菜の滋味をしばらく味わえます。

材料／２人分×２回

大根・もめん豆腐……………各200g
- キャベツ……………………２枚
- かんぴょう（もどす）…… 25cm×２本

にんじん（皮をむく）…………… １本
生しいたけ（石づきを除く）…… ４個
ちくわ………………… 小４本（100g）
水……………………………… ４カップ

a
- 顆粒ブイヨン・顆粒和風だし……………………各小さじ１
- しょうゆ・うす口しょうゆ……………………各大さじ１
- みりん……………………¼カップ

b
- ほうれん草（ゆでて５cm長さに切る）………………………… 200g
- ミニトマト（へたを除く）…… ４個

練りがらし（右記）……………… 少量

1人分178kcal　塩分2.1g

●栄養価は、汁70％摂取として算出。

作り方

1 大根は４個の半月切りにし、電子レンジ（600W）で４分加熱する。キャベツは縦半分に切ってポリ袋に入れ、電子レンジで２分加熱し、左右を内側に折りたたみ、手前から巻く。かんぴょうを縦に細く２等分し、キャベツを縛る。にんじんと豆腐は４等分に切る。

2 なべに分量の水を注いで a を加え、1 としいたけ、ちくわを並べ入れ、火にかける。

3 煮立ったらアクを除き、ふたはせずにふつふつする程度の火加減で20分煮る。途中で煮汁が減ってきたら水を足す。

4 b を加え、軽く温める。

5 器にとり分け、練りがらしを添える。

「絶品練りがらし」の作り方

1 清潔なびん（250mℓ）に粉がらし１袋（30g）を入れ、水50mℓを加えてとく。

2 キッチンペーパーを４つ折りにして直接かぶせ、熱湯100mℓを注ぎ、５分おく（写真下）。

3 湯を捨て、キッチンペーパーを除き、菜箸《さいばし》で練る。

4 酢・みりん各大さじ１、塩小さじ⅕を加えて練り、ふたをする。

※冷蔵で１か月ほど辛味を保ったまま保存できる。

食べやすくするヒント

包丁で みじん切りに

野菜はやわらかく煮ても、フォークでつぶすだけでは繊維が残るので包丁でみじん切りに。軟飯やおかゆに混ぜると、より噛《か》んだり飲み込んだりしやすくなります。野菜を食べると便秘予防にもつながります。

ラクうまアイデア
2

マグカップでビーフシチュー

大きめのマグカップに材料を入れて、
レンジでチンするだけで、１人分のシチューが完成！
「肉50ｇ＋野菜100ｇ」が基本です。

材料／１人分

牛肉（焼肉用）……………………… 50g
じゃが芋 ………………………… 50g
玉ねぎ …………………………… 30g
にんじん ………………………… 10g
さやいんげん ……………………… 10g
ハヤシライスルー（フレーク）
……………………………… 大さじ１
水 ……………………………… ¾カップ

１人分275kcal　塩分1.3ｇ

作り方

1 牛肉は幅３㎝に切る。じゃが芋は一口大に切り、玉ねぎはくし形切り、にんじんは幅５㎜の輪切り、さやいんげんは３㎝長さに切る。
2 大きめのマグカップに分量の水とハヤシライスルーを入れて混ぜる。牛肉を加え、野菜をのせる。
3 ラップをかけずに電子レンジ（600W）で８分加熱する（ルーにとろみがあるので、ラップをかけると吹きこぼれやすくなるため）。
4 全体を混ぜたらでき上がり。

ルーを入れたら、味がよくしみるように、まず牛肉を入れる。

肉の上に、100g分の野菜を入れる。このままラップをかけずにレンチン。

LESSON
4

食欲アップで、夏バテしない！
頼れる「元気のもと」

暑い夏も、元気ですごすために、
私が常備している「元気のもと」をご紹介します。
食欲がないときも、すっと体に入り、
調味料代わりにもなって、とても便利！
夏といわず一年中役立つ、私の頼もしい味方です。

缶詰めを使って時短で!

ホタテの冷や汁

　食欲のない夏でもさらさらっと食べやすく、栄養もとれる冷や汁は、もともと宮崎の郷土料理。私にとっては病床の母に作った、思い出深い一品でもあります。母が口頭で語る作り方を食べさせたい一心で必死に覚えて作り、病院に届けると、「そうそう、この味よ」と食通の母がほほえみました。
　本来は、生のアジを開いて焼くところから始まる、手間のかかる料理ですが、ここでご紹介するのは、火を使わない時短冷や汁。ホタテ缶詰めで作ってみたところ、**だしの味がしっかりと効いておいしくできる**ことがわかって、以来この方法で作っています。

材料／２人分

ホタテ貝柱水煮缶詰め……小１缶(50g)
［きゅうり……½本(50g)
　塩……少量］
トマト……小１個(50g)
もめん豆腐……100g
みそ……小さじ４
水……220mℓ
いり白ごま……小さじ½
青じそ(せん切り)……２枚

1人分94kcal　塩分2.1g

作り方

1 きゅうりは輪切りにし、塩をふってもみ、しんなりとなったら水洗いして水けをかたく絞る。トマトは皮を湯むきして１cm角に切る。

2 ボールにホタテ缶の缶汁を入れる。貝柱はほぐしておく。ボールにみそを加えて分量の水を少しずつ注ぎながらときのばし、なめらかになるまで混ぜる。

3 豆腐を一口大に手でちぎりながら加え、1と2のホタテ貝柱を加えて混ぜる。器に盛り、青じそをのせてごまをふる。

ホタテ缶は、うま味が詰まってだしもおいしい。

豆腐は食べやすい大きさに手でちぎると汁のうま味がからみやすい。

そのままでも、あつあつの
ごはんにかけても
おいしくいただけます。

食べやすくするヒント

フードプロセッサーでみじん切りに

山形県の郷土料理「だし」のように、材料を細かく刻むと食べやすくなります。野菜やホタテ貝柱はフードプロセッサーであらいみじん切りに、豆腐はフォークの背で細かくつぶします。

ごまは、私も経験があるのですが、義歯と歯茎の間にごま粒が入ると飛び上がるほど痛い。そこで、すり鉢でていねいにすりつぶします。

野菜は粒ぞろいのきれいなみじん切りよりも、フードプロセッサーの大小不ぞろいのみじん切りのほうが、口の中で食塊になって飲み込みやすい。

具を細かくして食べやすく

刻み冷や汁

いりごまはすりつぶす

ごまはすりつぶすと、義歯でも痛くないうえに、ごまの油分が出て、より飲み込みやすくなる。市販のすりごまには粒のごまが混ざっていることもあるため、自分でていねいにすると安心。すりたての香りも楽しめる。離乳食用の小さなすり鉢が便利。

本場宮崎の冷や汁

宮崎の冷や汁は、焼いたアジとその骨でとっただしを使います。すり鉢でアジの身とみそをすり混ぜて内側に塗り広げ、焦げ目がつくくらい香ばしく焼くのが特徴。夏にはこの冷や汁が入ったすり鉢がいつも冷蔵庫に入っていたと、宮崎の知人から聞いたことがあります。

1　開いたアジを焼いて、骨や皮をとり除いて身をほぐし、すり鉢でペースト状にする。みそとごまを加えてすり混ぜたら、すり鉢の内側にゴムべらで塗り広げ、焼き網をのせたこんろの上に逆さにして置き、中火で焼く。

2　みその焦げるいい香りが漂ってきたら、骨と皮とこんぶでとっておいただしを少量加えてときのばす。

3　さらにだしを少しずつ加えては、みそをときのばす。

4　塩もみしたきゅうりやなす、豆腐や青じそ、みょうがを加えたらでき上がり。

コクと辛味で食欲を刺激！

ピリ辛そぼろ

保存目安
冷蔵 約5日
冷凍 約1か月

このピリ辛鶏そぼろも、食欲が増進する、夏におすすめの作りおきです。

以前、ある介護施設での食事改善に、携わったことがありました。すっかり食が細くなっている利用者のかたに、なんとか食事を楽しんでもらおうと知恵を絞り、さまざまなアイデア料理が生まれました。肉そぼろに、**生クリームのコクと豆板醤の刺激をプラスして食欲を増す**というワザも、そのときの経験から生まれたものです。

うま味たっぷりの万能調味料として、ごはんにのせてもよし、野菜といためてもよし、いろいろなお料理のもとになる夏場の頼もしい助っ人です。

材料／２人分×２回（でき上がり220g）

鶏ひき肉	200g
ごま油	小さじ½
a 豆板醤・酒・しょうゆ・生クリーム（または牛乳）	各大さじ１
a 砂糖	大さじ３

1人分146kcal　塩分1.7g

作り方

1. なべにごま油と鶏ひき肉を入れ、**中火でカリカリになるまでいためる。**
2. aを加え、汁けがほぼなくなるまで煮て火を消す。
3. ふたつき容器に移し、さめたら冷蔵庫で保存する。

ひき肉をカリカリにいためることで、焦げ目がついて香ばしくなる。

生クリームを少し加えるとコクがアップ。口当たりと香りがよくなり、食べやすくなる。

ピリ辛そぼろは“万能料理のもと”

野菜いために入れてもよし、ゆで野菜に添えてもよし、ごはんにのせたり、混ぜたりしてもよし。冷蔵庫にあると、料理のレパートリーが広がります。ズッキーニやなす、レンジ加熱したじゃが芋にチーズといっしょにのせてオーブントースターで焼くのもおいしいですよ。

食べやすくするヒント

刻み野菜のやわらかビビンパに

「ピリ辛そぼろのビビンパ丼」（102ページ）の野菜をあらいみじん切りにし、ごはんはおかゆや軟飯（103ページ）に。

やわらかいごはんのとろみでそぼろや野菜がまとまり、食べやすくなります。スプーンで混ぜてどうぞ。

ピリ辛そぼろのビビンパ丼

韓国風ごはんに。よく混ぜてどうぞ。

材料／２人分

ピリ辛そぼろ（100ページ）… 半量（110g）
水菜 …… ４本
貝割れ菜 …… 1/5パック
大根 …… 100g
ミニトマト（へたを除く）…… ２個
a［赤・黄パプリカ … 各1/5個（各30g）
　ごま油 …… 小さじ１
温かいごはん …… 300g
刻みのり …… 少量

1人分446kcal　塩分1.7g

作り方

1 水菜と貝割れ菜は根を切り落とし、５cm長さに切る。大根は５cm長さのせん切りにする。

2 パプリカは５mm幅の細切りにする。耐熱ボールに入れてごま油をかけ、ラップをかけて電子レンジ（600W）で１分加熱する。

3 器にごはんを盛り、ピリ辛そぼろ、1、2をのせ、ミニトマト、のりをのせる。

ゴーヤーのピリ辛そぼろいため

ピリ辛そぼろで手軽に味が決まります。

材料／２人分

ゴーヤー …… 1/2本（100g）
ピリ辛そぼろ（100ページ）… 半量（110g）
ごま油 …… 小さじ１
削りガツオ …… １パック（３g）
いり白ごま …… 小さじ１

1人分185kcal　塩分1.7g

作り方

1 ゴーヤーは縦半分に切ってわたと種を除き、薄切りにする。熱湯でさっとゆで、冷水にとってざるにあげる。

2 フライパンにごま油を熱し、1をいためる。ピリ辛そぼろを加えていため合わせ、削りガツオをふってひと混ぜし、火を消す。器に盛ってごまをふる。

ラクうまアイデア
3

「とろみ素材」で食べやすく！

少しむせやすいかたなどは、お料理にとろみをつけると飲み込みのスピードがゆっくりになって、誤嚥《ごえん》を防げます。

市販のとろみ剤は便利ですが、とろみをつけておいしく食べる方法はいろいろあります。

1 おかゆ、軟飯
やわらかいごはんのとろみで、おかずが食べやすくなる。

2 乳製品
ホワイトソースやチーズなど、とろみのある乳製品を利用（たんぱく質やカルシウムも補える）。

3 うどんやそば
うどんやそばを短く切って、やわらかく煮る。
でんぷんがの自然なとろみを生かす。

4 かたくり粉や米粉
汁物に加えるほか、肉や魚をいためる前にまぶしても使える。

5 里芋、長芋
みそ汁やスープなどの具にする。
下ゆでしない方が自然なとろみが出てくる。

＊外食時は、市販の小分けタイプのとろみ剤を持ち歩くと便利。とろみ剤小さじ1を水大さじ1でのばし、汁物のだしでゆるめて器に戻す。
＊とろみがあるほど食べやすいというわけではない。かたすぎるとのどにつかえるので、食べる人にとってちょうどいい粘度を探ろう。

炊飯器で

「おかゆ」「軟飯」を炊く方法

おかゆの材料／２人分

米……………………………… $\frac{1}{2}$合
水…………………… $2\frac{1}{2}$合（450mℓ）

軟飯の材料／２人分

米……………………………… $\frac{2}{3}$合
水…………………… $1\frac{1}{3}$合（240mℓ）

作り方

おかゆ（全がゆ）は米の容量の5倍の水、軟飯は2倍の水でやわらかく炊いたごはん。米を洗って炊飯器の内釜に入れて分量の水を加え、あればいずれもおかゆモードで炊く。

レンジで本格的な味に
ホワイトソース

バターの風味豊かなホワイトソースは、クリーミーでなめらかな口当たり。食材をやさしく包み込んで、食が進みます。それに、洋食は食卓が華やかになって、自然と食欲が湧《わ》いてきますよね。

私のホワイトソースは電子レンジで作ります。そのメリットは、**だまになったり、焦げついたりするなどの失敗がない**うえに、なべだと30分ほどかかる調理時間が3分の1ほどに短縮されること！**熱いうちにしっかり混ぜさえすれば**、本格的なホワイトソースに仕上がるのです。

冬だけでなく食欲が落ちる夏も、ぜひご活用くださいね。

保存目安
冷蔵 約1週間
冷凍 約1か月

材料／作りやすい分量（でき上がり720g）

強力小麦粉……50g（薄力粉なら60g）
バター（4つに切る）……70g
牛乳……3カップ
塩……小さじ½
あらびき黒こしょう……少量
1/6量152kcal　塩分0.7g

作り方

1 耐熱ボールに強力粉とバターを入れ、ラップをかける（A）。電子レンジ（600W）で2分加熱し、**すぐに泡立て器で手早くよく混ぜる。**

2 牛乳1カップを加えてむらなくとき混ぜてから、残りの牛乳も加えて混ぜる（B）。ラップをかけて電子レンジで5分加熱する。

3 底に沈んだ粉をよく混ぜ（C）、今度はラップをかけずに電子レンジで5分加熱する。塩、こしょうを加え、**とろみがついてなめらかになるまでしっかりと混ぜる。**

Aボールに強力粉とバターをセットして電子レンジで加熱。熱いうちにすぐ混ぜる。

B牛乳を初めに⅓量だけ加えて均一に混ぜてから、残りを加えてむらなくときのばす。

C加熱後は小麦粉がボールの底に沈んでいるので、泡立て器でよく混ぜる。

ホワイトソースで野菜がまとまり、
食べやすくなります。

コールスローサラダ

材料と作り方／２人分

1 キャベツ（100g）、玉ねぎ（30g）、にんじん（30g）は２～３㎝角に切り、フードプロセッサーであらみじん切りにする（包丁で刻んでもよい）。

2 ボールに移し、砂糖（小さじ１）と塩（小さじ⅕）をふって混ぜ、２～３分おく。しんなりとなったら水けをかたく絞り、酢※（小さじ１）をかけてほぐす。

3 ボールにホワイトソース（60g）を入れ、汁けをきったコーン（50g）、**2**、こしょう少量を加えて混ぜ、パセリを散らす。

※あれば白ワインビネガー。

1人分88kcal　塩分0.7g

ミニトマトとオクラの冷製パスタ

パスタをホワイトソースであえて。夏にぴったり。

材料／2人分

ミニトマト……10個　オクラ……4本
スパゲティ……乾150g
ホワイトソース(104ページ・冷やす)…240g
生クリーム……½カップ
あらびき黒こしょう……少量

1人分684kcal　塩分0.7g

作り方

1 ミニトマトはへたを除いて縦4つ割りにする。オクラは塩少量でもんで熱湯でさっとゆで、冷水にとる。へたとがくを除き、小口切りにする。
2 スパゲティは2つに折って表示時間どおりに熱湯でゆでる。冷水ですすいでざるにあげ、水けをよくきる。
3 ボールにホワイトソースと生クリームを入れて混ぜ、2を加えてあえる。
4 器に盛り、1を散らし、こしょうをふる。

なすのグラタン

にんにくととうがらしの風味でさらに食欲アップ

材料／2人分

なす……小2本(120g)
ベーコン(薄切り)……2枚(30g)
オリーブ油(またはサラダ油)…小さじ2
にんにく(みじん切り)……½かけ
赤とうがらしのみじん切り…小さじ¼
ホワイトソース(104ページ)……240g
ピザ用チーズ……25g
刻みパセリ……少量

1人分292kcal　塩分1.3g

作り方

1 なすは縦4つ割りにしてから1.5cm幅に切る。ベーコンは2cm幅に切る。
2 フライパンにオリーブ油、にんにく、ベーコンを入れ、中火にかけ、にんにくがきつね色になったら、なすととうがらしを加え、水½カップを注ぐ。
3 ふたをして中火で5分蒸し煮にし、なすがやわらかくなったら、ホワイトソースを加えて混ぜ、火を消す。
4 バター適量を塗った耐熱皿に3を入れ、チーズをのせてパセリをふる。
5 250℃のオーブンの上段で、表面に焼き色がつくまで10～12分焼く。

ホワイトソースは牛乳でときのばしてから、
人肌くらいまでさます。

食べやすくするヒント

ソースは牛乳でゆるめ、温度は人肌に

ホワイトソースはとろみ剤の代わりにもなります。牛乳を足して少しゆるめ、野菜も小さく刻むと食べやすいでしょう。熱すぎず、冷たすぎないように、温度にも気を配ります。

ゆるめたホワイトソースを使って。

ミニトマトとオクラのクリームシチュー

材料／２人分

ミニトマト……………………… ６個
オクラ…………………………… ４本
ホワイトソース（104 ページ）… 240g
牛乳……………………………½カップ
塩………………………………… 少量

１人分 191kcal　塩分 1.1g

作り方

1 ミニトマトはへたを除いて縦４つ割りにする。オクラはへたとがくを除き、縦半分に切ってから２～３㎜幅に切る。

2 なべにホワイトソースと牛乳を入れて火にかけ、泡立て器でなめらかになるまで混ぜる。1を加え、混ぜながら野菜が温まるまで煮て、塩で味をととのえ、火を消し、人肌にさます。

炊飯器で作れる！

甘酒

保存目安
冷蔵　約2週間
冷凍　約1年間

「飲む点滴」といわれてちょっとしたブームにもなっている甘酒。**夏バテで弱った胃腸にもやさしく、食欲がないときのエネルギー源としても役立ちます。**

私の料理教室では、麹《こうじ》を使って作る甘酒が人気です。酒粕《さけかす》で作る甘酒とは違い、アルコールは含んでいません。冷水や炭酸水で割ってもよし、熱湯で割ってしょうがのすりおろしをきかせるのも、冷房で冷えた体にはおすすめです。

さらに、**甘酒はお料理に使うと甘味とうま味がこくや深みを与えます。**口当たりもなめらかになって食が進み、私にとって夏の欠かせない調味料でもあるんです。

材料／でき上がり約1ℓ分

- 米(洗う)……200g
- 水……3カップ(米の2.5倍容量)

水……1カップ＋1カップ
米麹……200g

大さじ1で23kcal　塩分0g

作り方

1 米と水3カップを炊飯器の内釜に入れ、おかゆモードで炊く。炊き上がったら、保温したまま水1カップを加えて混ぜる。
2 米麹はフードプロセッサーで撹拌《かくはん》してフレーク状にし、1に加えて混ぜる。
3 炊飯器のふたをあけたまま、ふきんをかぶせて一晩（12時間）おく（写真）。
4 うっすらベージュ色になったら水1カップを加え、なめらかになるまでよく混ぜる。保温をさらにまる1日続けると、甘味が増す。
5 保存容器に移し、ふたをして冷蔵、または冷凍で保存する。

炊飯器を保温のままふたをあけてふきんをかぶせると、60℃前後を保ちながら発酵が進む。12時間ほどおくと甘味が出てくる。冬場は内ぶたをはずしてふきんの上にのせると、保温効果が上がる。

トーストにも合う

米麹の甘酒は、じつはバターとの相性もばっちり。トースト1枚にバター小さじ1を塗り、甘酒大さじ2を塗る。

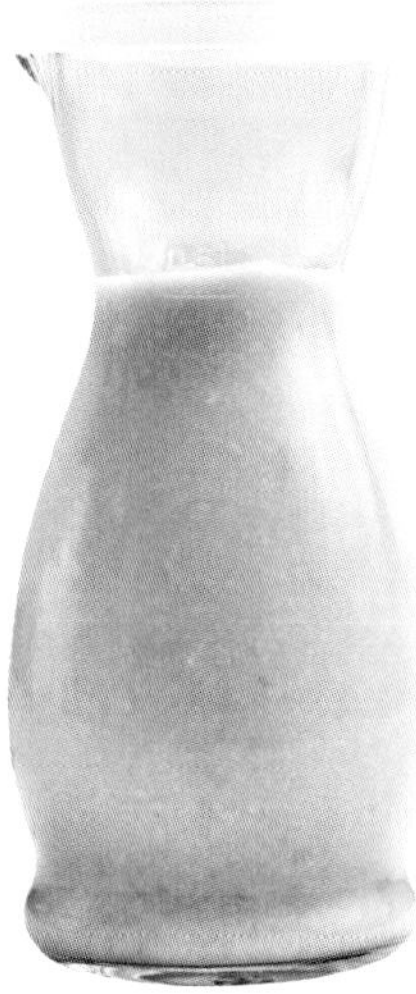

〈甘酒〉をドリンクに

甘酒はミキサーにかけるとなめらかになってのど越しがよくなります。飲みやすくした甘酒に、水や熱湯、牛乳などで2～5倍にうすめて好みの味にしてドリンクに。甘酒大さじ2に対し、牛乳60㎖が目安です。なお、甘酒の1日の適量も大さじ2杯です。

甘酒と豆腐のコーンスープ

甘酒で甘味とこくが増してまろやかに。

材料／1人分

もめん豆腐・クリームコーン（缶詰め）……各50g
牛乳……½カップ
塩……少量
甘酒（108ページ）……大さじ2
刻みパセリ……少量

1人分158kcal　塩分0.7g

作り方

1 なべに豆腐とコーンを入れて泡立て器で豆腐をつぶしながら混ぜる。牛乳と塩を加えて弱めの中火にかけ、煮立ったら甘酒を加えて混ぜる。

2 器に盛り、パセリをふる。

べったら漬け

自家製甘酒で作る漬物は格別！

材料／作りやすい分量

大根……皮をむいて400g
a
- 塩……小さじ2
- 甘酒（108ページ）……150g
- 砂糖……30g
- こんぶ……3×5cm

1/10量31kcal　塩分0.8g

作り方

1 大根は縦4つ割りにし、たっぷりの熱湯で周囲が透き通るまで約3分ゆでる。切り口を上にしてざるにのせ、日当たりのよい場所で3時間干す。

2 ジッパーつき保存袋にaと1を入れてなじませ、空気を抜いて口を閉じる。

3 重石（水を入れた1ℓのペットボトルなど）をのせ、冷蔵庫に入れて10日ほどおく。

4 大根の水分が抜け、中心までしんなりとなったら食べごろ。甘酒を適宜ぬぐいとり、1cm厚さに切る。

イワシの甘酒煮

タラやサケ、サバ、鶏肉でもおいしくできる。

材料／2人分

イワシ……………………2尾(200g)

a［酒・しょうゆ………各大さじ1
　 黒米の甘酒※(下記)……大さじ2

※白い甘酒でもおいしくできる。

1人分199kcal　塩分1.5g

作り方

1 イワシはうろこと頭を落として内臓を引き出して除き、水洗いする。キッチンペーパーで水けをふき、それぞれ4つに切って皮に切り目を入れる。

2 耐熱容器にaを合わせ、1を加えてからめる。

3 ラップをイワシに張りつけるようにのせ、電子レンジ(600W)で4分加熱する。

黒米で作る甘酒

黒い甘酒もまたおつなもの。白米に比べてミネラルやビタミン、食物繊維が豊富です。

材料／でき上がり約1ℓ分

［黒米(洗う)……………………200g
　水………3カップ(米の2.5倍容量)

水………………1カップ＋1カップ

米麹……………………………200g

大さじ1で23kcal　塩分0g

作り方

1 甘酒の作り方(108ページ)1～3と同様に作る。

2 米麹がとけたら水1カップを加え、なめらかになるまでよく混ぜる。保温をさらにまる1日続けると、甘味が増す。黒米はもち米で粘りが強いので、さらに水1カップ(分量外)を加えてまる1日保温を続けると、よりなめらかになる。

3 保存容器に移し、ふたをして冷蔵、または冷凍で保存する。

私の秘密兵器！

にんたまジャム®

保存目安
冷蔵
約1か月

最後に食欲のないときの、とっておきの秘密兵器をご紹介しましょう。にんにくと玉ねぎを加えて煮詰めて作る「にんたまジャム®」。パンチがきいた味で、ひとさじなめると体がポカポカしてきます。

にんにくと玉ねぎのうま味が凝縮しているので、スープや煮物などの万能調味料になります。冷ややっこやゆで野菜にかけてもOK。ヨーグルトにかけるのもおすすめです。ヨーグルトの酸味に、玉ねぎの甘味がほんのりきいてさわやかです。

料理家人生50年の集大成といっても過言ではない傑作です。ぜひお試しください！

材料／でき上がり500g（約大さじ20）

玉ねぎ（皮をむいて4等分に切る）‥ 500g
にんにく（皮をむく）‥‥‥‥‥‥ 100g
砂糖‥‥‥‥‥‥‥‥‥‥‥‥‥‥ 60g
レモン果汁‥‥‥‥‥‥‥‥‥ 大さじ2

大さじ1で28kcal　塩分0g

作り方

1 ポリ袋に玉ねぎとにんにくを入れ、口は閉じずに耐熱皿にのせ、電子レンジ（600W）で12分加熱する。

2 出てきた汁もいっしょにミキサーに移し入れ、砂糖、レモン果汁を加えてなめらかになるまで撹拌《かくはん》する。

3 耐熱ボールに移し、ラップをかけずに電子レンジで10分加熱する。熱いうちに清潔でかわいたびんに移し、ふたをする。

●常温で1か月保存可能。ふたを一度あけたら冷蔵庫で保存し、約1か月以内に食べきる。

にんたまジャムで深みのある味わいに。

にんじんのポタージュ

材料／２人分

にんじん……………………………100g
ごはん…………………………大さじ２
水・にんたまジャム(右ページ)… 各大さじ1
牛乳……………………………１カップ
塩…………………………………少量

1人分118kcal　塩分0.6g

作り方

1 にんじんは１㎝厚さの輪切りにし、耐熱ボールに入れる。ごはんと分量の水を加え、ラップをかけて電子レンジ（600W）で３分加熱する。

2 ミキサーに移し、にんたまジャムと牛乳を加え、なめらかになるまで攪拌《かくはん》する。

3 耐熱ボールに戻して塩で味をととのえ、ラップをかけて電子レンジ（600W）で１分加熱する。

使い方いろいろ、にんたまジャム®

ヨーグルトにも合う。

1 スープやみそ汁に加えて
2 煮物の味つけに
3 魚や肉の下味に
4 サラダやゆで野菜にかけて
5 冷ややっこにかけて
6 トーストやクラッカーにのせて
7 ヨーグルトにかけて
8 カフェオレに加えて

ラクうまキッチン❷

数を絞って出し入れしやすく！
食器はお気に入りを毎日使う

食器は、よく使うお気に入りのものだけに絞り込むと、すっきりして出し入れもしやすく、ラクになります。

私は、来客用と日常用を分けずに、お気に入りの皿をふだん使いしています。特別の日にと大事な器をとっておくのはもったいない。いい食器は、それだけで料理を引き立ててくれます。買ってきたお総菜だって大好きな食器に盛りつければ豊かな気持ちになります。

また食器は２個ずつそろえておくと、来客にも対応しやすくなります。ただし湯飲みとグラスは６個ずつ用意。簡単なおもてなしなら、これらの湯のみやグラス、おそろいではない色とりどりの取り皿と小鉢を使っています。あとは、マジョリカ焼きの大皿を壁に飾り、必用なとき、料理を盛るのに使います。

ふだん使わないけれど、どうしてもとっておきたい器がある人は、それらをまとめて、別の所にしまっておくのもひとつの手です。

よく使う食器だけを使いやすい場所に収納し、さっととり出し、元に戻す。そのシンプルさが、私のラクうまごはんを支えています。

プライベートで使う食器は壁に造りつけた2段の棚にすべて収まっている。

一つ一つに思い出が詰まった、たいせつな食器だけを手元に残した。

LESSON

5

頑張らずに楽しむもてなしごはん

離れて暮らす家族や、友人などが家に集まるとき。
頑張りすぎないのが自分も楽しむコツです。
手軽にできて、食卓も自然と盛り上がる、
村上流の「もてなしごはん」を紹介します。

自分らしいものを一つ
シンプルお正月料理

シニアになり、迎えるお正月。

最近は市販品もおいしいものがありますし、無理せず、初春を祝う気持ちで、黒豆でも栗きんとんでも、得意なものを一つ二つ作るくらいでよいのではないでしょうか。

教室で一番人気の黒豆と、作りおきできる合鴨《あいがも》のロースト、新年に訪ねてくれる知人に出している串雑煮を紹介します。

私のお正月は、夫の仕事の関係で、40年来、毎年100人分のおせち料理を作っていましたが、ひとり暮らしの今は、12月30日に息子の家に行き、お嫁さんといっしょに定番のおせちを作り、新年を迎えています。

博多の串雑煮

串に刺したブリやかまぼこ、アゴ（トビウオ）のだしが特徴です

材料／８人分

ブリの切り身（背の部分）…８切れ（80g）
鶏もも肉……８切れ（80g）
にんじん（輪切りにして梅型で抜いたもの）……８個
里芋（輪切りにしたもの）……８個
かつお菜（または小松菜）……400g
かまぼこ（紅・白）…各８切れ（各80g）
干ししいたけ（だしをとったあとのもの）……小８個
アゴのだし（下記）……５カップ
a ┌ うす口しょうゆ・しょうゆ・酒……各大さじ1
  └ 塩……小さじ⅕
丸もち……８個（400g）
ゆずの皮（丸くそぐ）……８枚
木の芽……８枚

1人分199kcal　塩分1.2ｇ
●かつお菜は高菜の仲間で、肉厚でうま味がある福岡野菜。

作り方

1 ブリは塩少量（分量外）をふって一晩おき、熱湯でゆでる。鶏肉も熱湯でゆでる。にんじん、里芋は熱湯でかためにゆでる。
2 かつお菜はゆでて4㎝長さに切る。
3 1と紅白のかまぼこ、だしをとったあとのしいたけを１つずつ竹串に刺し、8本作る。耐熱皿にのせ、電子レンジ（600W）で1本につき1分加熱して温める。
4 アゴのだしはaで調味して温める。
5 耐熱ボールに丸もち1個と水大さじ１を入れてラップをかけ、電子レンジ（600W）で1分加熱し、水をきる。
6 わんに2を敷いて5をのせ、4を注ぐ。3をわんの縁に渡してゆずの皮と木の芽を添える。

●串に刺した具をはずし、わんに入れて食べる。

アゴだしのとり方

なべに水1.5ℓと２つに折った焼きアゴ4尾（なければ煮干し20gでもよい）、こんぶ20g、干ししいたけ小8個を入れて一晩おく。火にかけ、沸騰直前に火を消し、水でぬらしたキッチンペーパーを敷いたざるで濾《こ》す。しいたけは軸を除き、雑煮の具にする。

食べやすくするヒント

安心して食べられるお雑煮に

もちはのどに詰まる心配がありますが、お雑煮には欠かせませんね。そこで、**サックリと噛《か》み切れるもち**を考えました。お雑煮の具材は希望に合わせて好みのものをチョイスして細かく刻み、汁には水どきかたくり粉でとろみをつけます。

噛《か》み切れるもち

耐熱ボールにごはん・長芋のすりおろし各70g、水大さじ2を入れ、ふんわりとラップをかけて電子レンジ(600W)で3分加熱する。とり出してすりこ木かスプーンでごはんをつぶしながら、全体を混ぜる。水でぬらしたスプーンで一口大にすくいとり、器に盛った雑煮に加える。

黒豆

圧力なべで煮ると時短で便利

材料／作りやすい分量
（でき上がり600g）

黒豆……………… 2カップ（乾300g）

a
- 水……………………… 5カップ
- 砂糖 ……………………… 200g
- しょうゆ……………… 大さじ1
- 塩……………………… 小さじ½

30gで101kcal　塩分0.3g

作り方

1 黒豆はざるに入れて流水でさっと洗う。

2 圧力なべにaを入れて沸騰させ、火を消して黒豆を加える。ふたをかぶせ、一晩おいてもどす（黒豆にしわがなくなるまで充分もどす）。

3 ふたをして強火にかけ、圧がかかったらごく弱火にして1時間加熱し、火を消す。

4 圧が下がったらふたをとり、なべに入れたまま一晩常温におく（写真）。

●保存容器に入れ、冷蔵で約1週間、冷凍で約2か月保存できる。

普通のなべで煮る場合

1 aの水を約10カップにし、左記2と同様にもどす。

2 もどした豆の上に水が4cmほどあるようにし（足りない場合は水を足す）、煮立てる。弱火にしてアクを除き、厚手のキッチンペーパーを水面に1枚かぶせ、ふたをしてごく弱火で6～8時間煮る。

3 豆を親指と薬指ではさんで押し、つぶれるくらいやわらかくなったら火を消す。そのまま一晩常温におく。

●なべに厚みがあるほどゆで時間は短くなる。途中で加熱を中断しても、加熱時間が合計で6～8時間になればOK。再加熱するときは強火にかけ、煮立ったら弱火にする。

黒豆のみつ煮

夫の好物でした。ウイスキーとホワイトリカーを半々に。

材料／つくりやすい分量
（でき上がり600g）

黒豆……………… 2カップ（乾300g）

a
- 水……………………… 5カップ
- 砂糖 ……………………… 200g
- 塩……………… 小さじ½カップ

b
- 水…………………… 2½カップ
- 砂糖 ……………………… 300g

c
- ウイスキー・ホワイトリカー（35度）……………………… 各½カップ

30gで180kcal　塩分0.1g

作り方

1 黒豆を煮る。圧力なべにaを煮立て、上記1～3と同様に作る。

2 別のなべにbを煮立たせ、砂糖がとけたら火を消してさます。1の黒豆だけをすくって移し入れ、常温に一晩おく。

3 火にかけ、ふたはせずに弱火で30分煮て火を消し、常温になるまでさます。cを加え、常温に一晩おく。

●保存容器に入れ、冷蔵で約1か月、冷凍で約2か月保存できる。

合《あい》鴨《がも》の和風ロースト

チーズと盛り合わせたら、あとはおいしいお酒があれば充分。

材料／4人分

- 合鴨胸肉……………… 1枚(200g)
- 塩……………………………小さじ⅓

サラダ油 ……………………小さじ1

a
- しょうゆ………………大さじ2
- 酢・レモン果汁 ……各大さじ1
- 砂糖・赤とうがらしの小口切り ……………………各小さじ1

粒入りマスタード ……………… 適量

1人分191kcal　塩分1.3g

●写真のチーズはヌーテンシャル（フランス産かびチーズ。やや硬質で風味が強い）。

作り方

1 鴨肉は表面の水けをふいて塩をすり込み、室温に30分おく。なべに水6カップを沸騰させておく。

2 フライパンにサラダ油を中火で熱し、1の鴨肉の水けをふいて入れ、5分かけて両面に焼き色をつける。

3 1のなべの火を消し、水1カップを注いで（80℃になる）2の鴨肉を入れる。ふたをして1時間おく。

4 ジッパーつき保存袋にaを合わせ、3の水けをふいて入れる。冷蔵庫に4～5時間おいて味をなじませる。

5 薄く切り分け、粒マスタードとともに器に盛る。

●余った分は切らずに保存する。保存の目安は冷蔵で約4日、冷凍で約1か月。

かつてのように大げさなものでなくとも、気持ちを込めて新年らしく。

飾らないおもてなし
サラダコンポーゼ

気心の知れた女友達が家に集まるときには、ちょっと華やかで肩の力の抜けたおもてなしが、お互い気をつかわず、おしゃべりもはずみます。

私の定番は、サラダコンポーゼ。色とりどりの生野菜をそれぞれ味つけして盛り合わせます。**ドレッシングは共通なので、見た目ほど手はかかりません。**あとは、好みのチーズやパンなどを１人分ずつ、ワンプレートに盛り込みます。

野菜が多いメニューは女性に喜ばれますね。そのほか、中東の伝統料理、フムスを添えたスティックサラダもおすすめです。

材料／４人分

紫キャベツ……………………100g
にんじん……………小１本(100g)
トマト(乱切り)………小４個(200g)
サニーレタス(一口大に切る)……２枚
トレビス(一口大に切る)…………４枚
パセリ(みじん切り)……………少量

ドレッシング
- 酢・ワインビネガー…各大さじ２
- オリーブ油(エキストラバージン)・サラダ油…………各大さじ２
- 塩……………………小さじ⅓
- こしょう…………………少量

チーズ(好みのもの、２種ほど※)……………………200g
パン(好みのもの)…………200gほど

１人分481kcal　塩分2.5ｇ
※写真はゴルゴンゾーラとトリュフ入りのエメンタールチーズ各100ｇ。

作り方

1 ドレッシングを作る。ボールに酢、ワインビネガー、塩を入れ、スプーンの背で混ぜて塩をとかし、オリーブ油とサラダ油を加え、こしょうをふり、さらにスプーンの背で白濁するまで混ぜる。

2 紫キャベツは４㎝長さのせん切りにし、にんじんはピーラーで2.5㎝幅、５～６㎝長さに削る。それぞれ、大さじ２の**1**であえる。

3 各器にサニーレタスとトレビスを盛り、小さじ１の**1**をかけ、**2**、トマトを盛り合わせる。パセリを全体にふり、チーズをパンにのせて添える。

とっておき！「村上流ドレッシング」

ドレッシングは研究を重ねて発見した、風味豊かで、かつ日本人好みの味わいに仕上がる配合！　酸味は「酢とワインビネガー」、油は「オリーブ油とサラダ油」のそれぞれ2種類を合わせるのがポイント。

スプーンの背でこするように、白濁するまで混ぜ合わせる。

スティック野菜　フムス添え

ひよこ豆の代わりに、手に入りやすい大豆を使って。

材料／４人分

スティック野菜

- 大根（皮をむく）……50g
- にんじん（皮をむく）……50g
- きゅうり……１本（100g）
- 赤・オレンジ・黄パプリカ（種を除く）……各30g
- 小松菜（葉のみ）……４枚（20g）

フムス（でき上がり200ｇ分）

- 水煮大豆※（またはひよこ豆の水煮）……200g
- オリーブ油（あればエキストラバージン）……大さじ２
- a
  - おろしにんにく……小さじ⅓
  - ごま油・塩……各小さじ½
  - こしょう……少量

1人分146kcal　塩分2.5g

※かためにゆでたもの。市販品でもよい。汁けをきって使う。

作り方

1 大根、にんじん、きゅうり、パプリカは、1.5㎝角×７～10㎝長さのスティック状に切る（先が斜めにとがるように切ると、より華やかで、食べやすくなる）。

2 フムスを作る。フードプロセッサーに大豆を入れてなめらかになるまで攪拌《かくはん》し、オリーブ油とａを加えてさらに攪拌してよく混ぜ合わせる。

3 器に１の野菜と小松菜を盛り、フムスを添える。野菜にフムスをつけていただく。

「どうやって作るの？」と盛り上がること請け合い！

手作りレンジジャム

保存目安	
冷蔵 1か月	冷凍 1年間

コツは2回に分けてレンジで加熱すること。最初の加熱の後、果物から出た水分や砂糖を全体に混ぜ合わせ、再加熱して煮つめます。

ブルーベリージャム

冷凍のブルーベリーでOK。

材料／でき上がり１カップ分
ブルーベリー※（生または冷凍）…200g
砂糖……100g　レモン果汁……大さじ2

大さじ１で31kcal　塩分0g

※同量のミックスベリーに変えても。

作り方
1 ブルーベリーは洗って（冷凍なら凍ったまま）耐熱ボールに入れ、砂糖、レモン汁の順に加える。
2 両端を少しずつあけてラップをかけ、電子レンジ(600W)で４分加熱する。
3 とり出して木べらで混ぜて砂糖をとかし、ラップをかけずに電子レンジ(600W)で２分加熱して煮つめる。冷凍ブルーベリーの場合は、加熱時間をさらに２分増やす。

いちごジャム

いちごの場合は大きめのボールで。

材料／でき上がり１カップ分
いちご（へたを除く）……………200g
砂糖……100g　レモン果汁……大さじ2

大さじ１で29kcal　塩分0g

作り方
1 いちごは洗って、水けをきる。
2 いちごの量の３倍以上の大きさの耐熱ボールにいちごを入れ、砂糖、レモン果汁の順に加える。両端を少しずつあけてラップをかけ、電子レンジ（600W）で４分加熱する。
3 とり出して木べらで混ぜて砂糖をとかし、ラップをかけずにさらに電子レンジで２分加熱して煮つめる。

りんごジャム

きれいな赤いりんごは、皮の色を生かす。

材料／でき上がり１カップ分
りんご※ ………………小１個（200g）
砂糖……50g　レモン果汁……大さじ1

※皮の色がきれいなものは、皮ごと使う。色が冴《さ》えないときは皮をむく。

大さじ１で24kcal　塩分0g

作り方
1 りんごは2㎜厚さのいちょう切りにする。
2 耐熱ボールに１を入れ、砂糖、レモン果汁の順に加える。両端を少しずつあけてラップをかけ、電子レンジ(600W)で４分加熱する。
3 とり出して木べらで混ぜて砂糖をとかし、ラップをかけずにさらに電子レンジで２分加熱して煮つめる。

ミックスほろ苦マーマレード

余った柑橘類を合わせ、深みのある味わいに。

材料／でき上がり３カップ分
a ┌オレンジ（皮ごと）…………250g
　│レモン（皮ごと）…………100g
　└グレープフルーツ（皮ごと）…180g
砂糖…………………………160g

大さじ１で28kcal　塩分０g

作り方
1 aは湯をかけながらブラシで洗ってワックスを落とし、水けをふきとる。一口大に切り、種を除き、フードプロセッサーでみじん切りにする。
2 耐熱ボールに入れ、砂糖を加え混ぜ、両端を少しずつあけてラップをかけ、電子レンジ(600W)で12分加熱する。
3 とり出して木べらで混ぜて砂糖をとかし、ラップをかけずにさらに電子レンジで６分加熱して煮つめる。

●熱いうちに清潔でかわいたびんに詰め、ふたをして、冷蔵または冷凍で保存する。

あめ色玉ねぎで本格的に
ハヤシライス

玉ねぎをじっくりいためる「あめ色玉ねぎ」（126ページ）。一見めんどうに感じますが、料理教室では好評です。夫婦2人になると料理が大ざっぱになるとおっしゃるかたも、お孫さんへの料理には手をかけておられるようで、この「あめ色玉ねぎ」があると、いつものカレーやハヤシライスも極上の味になるからです。

さて、いざ作ってみようと思うと「どこがゴール!?」と迷うようです。「茶色の水あめ状」では、まだ不充分。ここで弱火にしてから約20分かけて、**「茶褐色のちりちりの糸状」になったら完成です。**手はかかりますが、それだけの価値があります。

材料／4人分

- 牛カルビ焼き肉用肉…………200g
- 塩・こしょう…………………各少量

玉ねぎ……………………1個(200g)

バター(食塩不使用)…………大さじ2

にんにくのみじん切り………小さじ1

マッシュルーム(水煮、スライス)…100g

a
- ドミグラスソース(左ページ)……………………全量(500g)
- しょうゆ・みりん……各小さじ2

温かいごはん……………………520g

生クリーム(あれば)…………大さじ4

パセリのみじん切り……………少量

1人分733kcal　塩分3.2g

作り方

1 牛肉は一口大に切り、塩、こしょうをふる。玉ねぎは繊維を断つように1㎝幅の半月切りにする。

2 フライパンを温めてバターをとかし、玉ねぎをさっといためてとり出す。牛肉とにんにくを入れ、強火でいためる。

3 肉の色が変わったら玉ねぎを戻し、マッシュルームを加える。aをなべで温めて加え、ひと煮する。

4 器にごはんを盛って3をかけ、生クリームをかけてパセリをふる。

玉ねぎをシャリシャリとした食感が残る程度にいためたところにドミグラスソースを合わせる。

ハヤシライスのほか、
シチューやハンバーグソースにも！

ドミグラスソースの作り方

材料／４人分（でき上がり500g）

a
- あめ色玉ねぎ（126ページ）…60g
- トマトケチャップ……大さじ４
- ウスターソース……大さじ２
- 顆粒ブイヨン……小さじ１
- 赤ワイン$\frac{1}{2}$カップ　水１$\frac{1}{2}$カップ

b
- 小麦粉・バター……各大さじ２

1人分733kcal　塩分1.9g

作り方

1 なべにaを入れて中火にかける。

2 耐熱ボールにbを入れて電子レンジ(600W)で１分加熱し、混ぜる。1を少量加えてときのばし、これをなべに加えてとろみがつくまで煮、火を消す。

あめ色玉ねぎの作り方

保存目安	
冷蔵 約1か月	冷凍 約1年

玉ねぎのうま味と甘味が凝縮し、料理をコクと深みのある味わいに変える！

材料／作りやすい分量
（でき上がり120g）

玉ねぎ……………………2個（400g）
バター………………………………30g
塩…………………………………少量

1/8量46kcal　塩分0.1g

作り方

1 玉ねぎは薄切りにする（スライサーを使うときは、まるのままリング状に薄切りにすればバラバラにならない）。

2 耐熱ボールに1を入れ、ラップをかけて**電子レンジ（600W）で8分加熱**する（A）。

3 なべにバターをとかし、2を強火でいためる。全体にバターがまわったら中火にしていためる。茶色の水あめ状になり（B）、いため始めの¼量くらいになったら弱火にし、**茶褐色のちりちりの糸状になるまで、合計40分ほどいためる**（C）。

A レンジ加熱して玉ねぎの水分をとばし、いため時間を短縮。

B「茶色の水あめ状」。この状態になったら弱火にする。

完成

C「茶褐色のちりちりの糸状」。この状態になったら完成。

オニオンチーズトースト

とろーりチーズとの絶妙なハーモニー。

材料／２人分

食パン（６枚切り）………………… ２枚
バター …………………………小さじ２
あめ色玉ねぎ（右ページ）・ピザ用チーズ
…………………………… 各大さじ２

1人分295kcal　塩分1.3g

作り方

1 食パンにそれぞれバターを塗り、あめ色玉ねぎを広げ、チーズを散らす。

2 オーブントースターで、チーズがとけてパンがきつね色になるまで焼く。

オニオングラタンスープ

「あめ色玉ねぎ」で手軽に本格的な味に。

材料／２人分

a
- あめ色玉ねぎ（右ページ）……30g
- 顆粒ブイヨン …………小さじ½
- 水 ……………………… ３カップ

バター・小麦粉………… 各大さじ½
塩・こしょう………………… 各少量
フランスパン………… ４切れ（40g）

b
- バター………………………小さじ１
- おろしにんにく ………… 少量

粉チーズ ……………………小さじ２
パセリのみじん切り …………… 適量

1人分164kcal　塩分1.3g

作り方

1 なべにaを入れて煮立て、アクを除きながら中火で10分煮る。

2 ボールにバターと小麦粉を混ぜ、1を少量加えてときのばす。これをなべに加えてゆるくとろみをつけ、塩、こしょうで味をととのえる。

3 bを混ぜ合わせてフランスパンに塗り、オーブントースターで３分ほど焼いて粉チーズをふる。

4 ココット容器２個に2を注ぎ、3をのせる。200℃のオーブンで４～５分焼き、パセリをふる。

孫と楽しく! 円盤ギョーザ

保存目安
冷蔵
2〜4日

ギョーザは野菜もお肉も、そしてごはん代わりにもなるでんぷんも一度にとれる、だれもが喜ぶお料理。フードプロセッサーを使えば、野菜のみじん切りもあっという間です。

ギョーザは気づかないうちに野菜を食べてしまうので、息子たちが小さいころもよくこの手を使っていましたっけ。円盤状に並べて焼くと、食卓に出したときの楽しさも倍増！　皿にとり出す前に、**フライパンを揺すってギョーザがスルスル動くことを確かめて**から返すときれいにできますよ。今では、孫たちとギョーザパーティを楽しんでいます。

材料／２人分(20個分)

ギョーザの皮……20枚
豚ひき肉……100g
a［キャベツ……100g
　玉ねぎ……50g
　しょうがの薄切り……４枚
　にんにく……½かけ
b［しょうゆ・酒・ごま油・砂糖……各小さじ１
　こしょう・一味とうがらし・粉ざんしょう(あれば)……各少量
　かたくり粉……大さじ１
サラダ油……大さじ１
c［酢・しょうゆ・辣油《らーゆ》……各適量

1人分371kcal　塩分1.4g

作り方

1 フードプロセッサーでaをみじん切りにする(A)。キッチンペーパーで包んで水けを絞り、ボールに入れてひき肉とbを加え、なめらかに練り混ぜる。
2 ギョーザの皮の縁に水少量を塗り、1を小さじ１強のせて半分に折り、ひだを寄せながら口を閉じる。20個作る。
3 フライパンにサラダ油を流し、2の底に油をつけながら円形に並べる(B)。中火で焼き、１つ持ち上げて好みの焼き色がついていたら、水1カップを注ぎ、ふたをする。強火にして水分がなくなるまで３〜４分焼く。
4 フライパンに皿をかぶせて返し、とり出す。好みでcをつけて食べる。

A野菜のみじん切りはフードプロセッサーにお任せ。

Bフライパンの縁に沿って丸く並べ、円盤状に焼き上げる(ちなみに写真のフライパンは直径20㎝のもの)。

食べやすくするヒント

おだしの水ギョーザに

焼いたギョーザはかたいというかたは、ゆでて、すまし汁といっしょにすると食べやすくなります。沸騰湯でギョーザ（5個）をゆで、湯をきっておわんに入れ、10秒だし（150㎖・48ページ）にうす口しょうゆと酒（各小さじ$\frac{1}{2}$）で味つけしたすまし汁を注ぎます。

お祝いの日のごちそう

ちらしずし

保存目安
冷蔵
3～4日

私の子ども時代、お祝いのごちそうといえば、ちらしずしでした。ピンクや黄色で飾られたごはんは、子ども心に美しく映りました。ちらしずしは、まさに喜びの表現ですね。高齢のかたのお祝いの席でも、ちらしずしなら、満足いただけるのではないでしょうか。

材料／２人分×２回

すし飯の具
- 干ししいたけ……２枚
- ごぼう・にんじん・竹の子の水煮……各50g
- 鶏もも肉……100g
- サラダ油……大さじ１
- a
  - 干ししいたけのもどし汁……¾カップ
  - 砂糖・しょうゆ…各大さじ１

桃色そぼろ
- ツナ水煮缶……小１缶(80g)
- b
  - 砂糖……大さじ１
  - 塩……少量
  - 食紅……少量※1

錦糸卵
- 卵……２個
- c
  - 砂糖……小さじ１
  - 塩……少量
- サラダ油……適量

すし飯
- 熱いごはん……米1½合分※2
- d
  - 酢・砂糖……大さじ1½
  - 塩……小さじ½
- さやいんげん(ゆでて斜めに切る)……８本
- 紅しょうが……20g

1人分415kcal　塩分2.3g
※1 つまようじの先にごく少量つける程度。
※2 水を大さじ1 ½減らして炊く。

作り方

1 すし飯の具を作る。
2 桃色ツナそぼろを作る。
3 錦糸卵を作る。薄焼き卵を作り、さましてから３cm長さの細切りにする。
4 すし飯を作る。dをよく混ぜてとかし、飯台に入れたごはんにかけ、さっくりと混ぜてさます。
5 4に汁けを絞った1を加え、さっくりと混ぜ、2、3、さやいんげん、紅しょうがを散らす。

すし飯の具の作り方

具は全部いっしょに煮て、フードプロセッサーでみじん切りに。

1 しいたけはぬるま湯１カップでもどし、石づきを除いて適当に切る(もどし汁は¾カップとりおく)。
2 ごぼうは３cm長さに切り、水にさらしてざるにあげる。にんじん、竹の子は２cm角に切る。
3 鶏肉は２cm角に切る。
4 なべにサラダ油を熱して3をいため、1、2、aを加える。煮汁がほとんどなくなるまで煮てさまし、汁けをきってフードプロセッサーであらくみじん切りにする。

桃色ツナそぼろの作り方

ツナは２枚重ねたキッチンペーパーで包んで汁けを絞り、よくもんでほぐす。なべに移し、bを加えて中火にかけ、泡立て器で混ぜながら、そぼろ状になるまでからいりする。

薄焼き卵の作り方

1 卵を割りほぐし、cを加えて混ぜる。フッ素樹脂加工のフライパンに油を5mm深さに流し入れて熱し、油をあけて残った油をティッシュペーパーでふきとる。
2 強火にかけ、卵液を玉じゃくし１杯分とって流し入れ、全面に広げる。
3 縁が浮き上がってきたら、菜箸《さいばし》で起こし、手でそっとはがす(薄いので片面焼きで火が通る)。残りも同様に作る。

食べやすくするヒント

すし飯はやわらかく、トッピングはみじん切りに

耐熱ボールに具入りのすし飯（200g）を入れ、水（½カップ）を混ぜてラップをかけ、電子レンジ（600W）で3分加熱してやわらかくすると、口の中でごはんと具がまとまりやすくなります。加熱後、サラダ油（小さじ1）を混ぜると、さらに食べやすいでしょう。トッピングはみじん切りにします。

栄養成分値一覧

・『日本食品標準成分表2015年版（七訂）』（文部科学省）に基づいて算出しています。
・料理については1人分、1回分あたりの成分値です。
・数値の合計の多少の相違は、計算上の端数処理によるものです。
・「塩分」は「食塩相当量」を指します。

肉・魚・卵・豆のおかず

料理名	ページ	エネルギー	たんぱく質	脂質	炭水化物	鉄	ビタミンA	ビタミンD	ビタミンE	ビタミンB_1	ビタミンB_2	葉酸	ビタミンC	食物繊維総量	塩分
		(kcal)	(g)	(g)	(g)	(mg)	(μg)	(μg)	(mg)	(mg)	(mg)	(μg)	(mg)	(g)	(g)
サラダチキン（皮なし）	16	116	23.3	1.9	0.1	0.3	9	0.1	0.3	0.10	0.11	13	3	0	0.2
オリーブ油をかけて	17	152	23.8	4.2	3.6	0.5	10	0.1	0.8	0.12	0.13	20	23	1.0	0.8
チキンと野菜の生春巻き	18	250	20.7	7.1	33.9	1.6	123	0.1	1.4	0.13	0.14	64	56	17.3	1.3
もやしのチキンスープ	18	105	18.8	1.5	3.7	0.4	7	0.1	0.3	0.10	0.11	33	6	0.8	1.7
チーズチキンカツ	19	365	28.5	22.4	9.7	0.8	69	0.3	2.2	0.14	0.21	31	6	0.6	1.0
やわらかハンバーグ	20	442	23.1	29.3	17.7	2.9	111	0.5	1.3	0.33	0.29	29	5	1.3	1.4
煮込みハンバーグ	22	448	25.1	27.0	24.3	3.5	119	0.7	1.5	0.35	0.42	30	6	3.2	2.6
オランダつくね	23	446	23.9	27.8	21.9	3.0	103	0.5	1.3	0.33	0.30	31	4	1.4	2.2
牛ももステーキ	24	230	19.8	14.9	1.6	1.5	15	0	0.6	0.09	0.21	12	3	0.1	0.8
薄切りにしてサラダに	25	276	11.6	22.3	6.5	1.7	194	0.1	3.0	0.11	0.20	69	18	2.3	1.2
牛すじカレー	26	508	27.0	10.6	74.4	1.9	61	0	1.5	0.09	0.08	27	7	3.1	2.6
ぷるぷる牛すじ	28	111	20.2	3.5	0	0.5	0	0	0.1	0	0.03	2	0	0	0.2
牛すじそうめん	29	343	26.0	8.1	40.2	1.2	6	0	0.3	0.06	0.07	28	6	2.3	2.5
牛すじ丼	29	441	24.0	3.9	76.5	1.2	0	0	0.2	0.07	0.08	28	8	2.1	2.9
サケのみそ漬け	30	171	23.4	4.6	6.7	0.9	11	32.0	1.3	0.15	0.22	26	1	0.4	1.3
サケのちゃんちゃん焼き風	32	285	26.1	12.2	17.8	1.5	185	32.0	2.4	0.24	0.31	127	41	3.8	1.8
サーモンサラダ	32	166	12.7	8.5	9.0	0.8	128	16.0	1.4	0.12	0.14	54	13	1.9	0.7
豚肉のみそ漬け	33	301	20.4	19.7	6.8	0.7	6	0.1	0.4	0.69	0.16	7	1	0.4	1.2
イカのみそ漬け	33	139	23.5	1.5	6.7	0.5	16	0.4	2.7	0.09	0.07	12	1	0.4	1.8
青菜のみそ漬け	33	45	1.9	0.6	7.8	1.8	130	0	0.5	0.05	0.07	61	20	1.4	1.1
刺身のたたき風	34	185	24.4	6.3	6.1	1.8	144	4.2	4.1	0.18	0.24	26	26	2.6	1.0
にらサバ	36	169	12.3	11.6	3.6	1.3	145	5.5	3.7	0.13	0.29	77	14	2.0	0.4
サバ缶麻婆《まーぼー》	38	265	16.3	14.4	16.2	1.8	5	5.5	1.8	0.19	0.26	27	2	0.5	1.8
サバ缶とごぼうの 炊き込みごはん	39	385	15.6	6.1	63.6	1.6	0	5.5	1.8	0.15	0.23	32	1	1.8	0.7
サバ缶のかきたま汁	39	79	5.1	5.0	5.4	1.1	41	0.9	0.3	0.14	0.21	50	0	2.0	0.5
タイのあら炊き	40	155	13.1	5.2	13.4	0.5	8	3.9	1.3	0.19	0.08	10	2	0	2.8
あらペペロンチーノ	42	422	17.3	11.3	58.9	1.3	29	2.1	1.6	0.25	0.11	17	3	2.4	0.7

	料理名	ページ	エネルギー	たんぱく質	脂質	炭水化物	鉄	ビタミンA	ビタミンD	ビタミンE	ビタミンB1	ビタミンB2	葉酸	ビタミンC	食物繊維総量	塩分
			(kcal)	(g)	(g)	(g)	(mg)	(μg)	(μg)	(mg)	(mg)	(mg)	(μg)	(mg)	(g)	(g)
肉・魚・卵・豆のおかず	こんにゃくの甘辛煮	43	45	0.7	2.1	7.4	0.7	15	0	0.3	0.01	0.02	3	0	3.2	0.9
	アジのこぶじめ	44	63	9.9	2.1	0.2	0.5	4	4.0	0.5	0.07	0.10	5	0	0	0.4
	アジとわかめのからし酢みそがけ	46	97	10.8	2.6	6.5	0.8	6	4.0	0.5	0.08	0.11	10	0	0.6	1.3
	アジとなすのマリネ風	46	141	11.1	8.1	5.0	0.8	20	4.0	1.2	0.12	0.15	36	5	1.8	0.8
	アジの混ぜずし	47	203	7.6	1.4	37.9	0.4	15	2.0	0.3	0.06	0.07	11	2	0.6	0.2
	だし巻き卵	48	245	13.8	17.4	6.1	2.0	165	2.0	1.9	0.07	0.48	47	0	0	1.2
	レンジで温泉卵	50	86	6.9	5.7	0.8	1.0	83	1.0	0.6	0.03	0.24	24	0	0	0.5
	絶品煮卵	51	87	7.0	5.9	0.9	1.0	83	1.0	0.6	0.04	0.24	24	0	0	0.5
	博多のきつねうどん	53	383	13.7	5.0	59.7	1.7	23	0	0.7	0.09	0.08	27	4	2.2	3.7
	油揚げと水菜のはりはりなべ	54	185	10.6	8.4	19.5	3.2	110	0	2.2	0.12	0.19	152	55	3.4	2.7
	ほたほた煮のりんご添え	54	130	3.9	2.4	20.0	0.6	1	0	0.4	0.02	0.02	6	4	1.1	0.8
	やわらか煮込みうどん	55	153	6.1	4.4	22.4	0.7	10	0	0.3	0.05	0.05	14	2	0.8	1.5
	ゆであずき	56	181	5.1	0.6	39.5	1.4	0	0	0	0.11	0.04	33	0	4.5	0.2
	とろとろおしるこ	57	101	2.8	0.3	22.1	0.8	0	0	0	0.06	0.02	18	0	2.5	0.1
	鶏肉とあずきの煮物	58	319	19.7	16.5	20.6	1.4	41	0.4	0.8	0.15	0.18	29	3	2.2	1.3
	ミルクあずき	58	136	4.5	2.3	24.6	0.8	20	0.2	0.1	0.08	0.10	21	1	2.5	0.2
野菜のおかず	豚肉とにんじんとグリーンピースのみそ汁	62	223	17.7	10.7	12.7	2.8	431	1.6	0.6	0.52	0.23	55	12	4.8	1.2
	油揚げ+玉ねぎと大根葉	64	274	19.2	18.2	8.6	4.9	165	1.4	2.7	0.10	0.12	97	31	3.7	1.2
	豆腐+ブロッコリーと大根	64	100	11.6	3.3	6.8	2.7	34	1.4	1.4	0.12	0.13	138	66	3.3	1.2
	豚ひき肉+ズッキーニと春菊	65	174	16.6	9.7	4.7	3.3	208	1.6	1.4	0.43	0.23	124	20	2.5	1.3
	アサリ+小松菜とにんじん	65	78	10.1	1.2	7.1	5.1	477	1.4	1.0	0.10	0.19	82	23	2.4	2.3
	サバ缶+かぼちゃとキャベツ	65	190	18.0	6.5	14.3	2.9	167	6.9	4.2	0.14	0.27	76	42	2.9	1.5
	サケ缶+大豆もやしと小松菜	65	149	19.1	6.0	3.7	3.5	130	5.4	1.1	0.17	0.17	113	22	2.4	1.4
	きゅうりもみ	66	24	1.1	0.1	5.5	0.3	28	0	0.3	0.03	0.03	25	14	1.2	0.9
	大根のみそなます	68	46	0.9	0.3	10.1	0.4	52	0	0.1	0.03	0.02	27	9	1.4	1.0
	たたきごぼう	69	58	2.0	1.1	11.5	0.6	0	0	0.3	0.04	0.03	39	2	3.1	1.5
	かんぴょうの含め煮	70	55	1.5	0	13.1	0.4	0	0	0	0.01	0.03	12	0	2.3	2.0

	料理名	ページ	エネルギー (kcal)	たんぱく質 (g)	脂質 (g)	炭水化物 (g)	鉄 (mg)	ビタミンA (μg)	ビタミンD (μg)	ビタミンE (mg)	ビタミンB_1 (mg)	ビタミンB_2 (mg)	葉酸 (μg)	ビタミンC (mg)	食物繊維総量 (g)	塩分 (g)
野菜のおかず	切り干し大根の煮物	70	71	3.8	2.6	9.3	0.5	123	2.0	0.2	0.05	0.04	23	3	1.9	1.1
	しいたけのつや煮	72	85	2.9	0.4	24.9	0.4	0	1.3	0	0.06	0.17	29	0	4.1	1.6
	かんぴょうとしいたけの巻きずし	73	193	4.8	0.6	43.9	0.9	69	0.3	0.2	0.07	0.13	73	6	3.0	1.4
	切り干し大根とにんじんの巻きずし	73	265	9.6	4.9	47.5	1.7	285	3.1	0.6	0.14	0.15	114	16	4.5	2.0
	キャベツのわかめあえ	76	55	1.5	2.4	8.0	0.3	4	0	0.1	0.04	0.03	78	41	1.8	0.8
	ピーマンのじゃこいため	77	73	3.6	4.4	5.4	0.5	47	3.7	0.9	0.04	0.04	30	76	2.3	0.8
	もやしのピリ辛あえ	77	34	1.8	2.2	2.9	0.2	8	0	0.3	0.04	0.06	41	8	1.5	0.5
	冷凍野菜ミックスで筑前煮	79	174	11.3	8.6	12.7	1.0	172	0.5	0.9	0.09	0.16	38	6	2.5	1.5
	いんげんのごまあえ	80	77	3.1	4.0	8.3	1.3	50	0	0.2	0.09	0.13	58	8	3.0	0.4
	かぼちゃのバター煮	81	131	2.4	5.2	19.1	0.5	341	0	4.3	0.06	0.09	48	34	4.2	0.4
	アスパラのガーリックいため風	81	62	2.7	4.2	4.5	0.7	32	0	1.8	0.14	0.15	190	15	1.8	0.5
ヘルシーなべ	鶏なべ	87	280	22.0	15.0	19.8	1.6	44	1.0	0.8	0.31	0.37	125	44	5.5	2.8
	ブリのつゆしゃぶなべ	88	326	25.5	17.8	15.4	3.9	183	8.0	4.0	0.36	0.56	213	74	5.2	2.0
	ポトフ風なべ	89	436	15.8	25.9	35.9	1.7	567	0.4	1.3	0.38	0.21	45	45	4.0	2.5
	牛肉とトマトのすき焼き	90	389	23.0	17.5	34.1	2.2	29	0	1.2	0.23	0.27	79	51	3.1	1.9
	厚焼き卵と春菊のなべ	91	218	14.7	9.5	20.9	3.5	490	0.6	2.7	0.19	0.51	241	33	4.8	2.4
	お野菜おでん	92	178	11.1	3.3	30.8	2.1	546	0.3	1.9	0.17	0.19	152	41	9.2	2.1
	マグカップでビーフシチュー	94	275	10.2	17.3	18.6	0.9	89	0.1	0.7	0.11	0.13	27	22	1.9	1.3
元気のもと	ホタテの冷や汁	96	94	10.2	3.3	5.9	1.3	27	0	0.8	0.06	0.06	30	8	1.0	2.1
	ピリ辛そぼろ	100	146	9.3	8.3	7.8	0.6	39	0.1	0.6	0.05	0.10	7	1	0	1.7
	ピリ辛そぼろのビビンパ丼	102	446	14.5	11.0	70.2	1.5	117	0.1	2.4	0.14	0.21	99	76	2.9	1.7
	ゴーヤーのピリ辛そぼろいため	102	185	11.1	10.9	10.0	1.0	48	0.1	1.1	0.09	0.15	45	39	1.7	1.7
	ホワイトソース	104	152	2.8	11.5	8.6	0.1	80	0.2	0.3	0.03	0.08	4	1	0.2	0.7
	コールスローサラダ	105	88	2.2	3.2	13.3	0.4	130	0.1	0.2	0.05	0.06	51	24	2.4	0.7
	ミニトマトとオクラの冷製パスタ	106	684	14.4	35.5	73.2	1.7	351	0.5	1.9	0.26	0.24	72	28	4.8	0.7
	なすのグラタン	106	292	9.3	22.4	13.0	0.5	142	0.3	1.1	0.16	0.20	26	11	1.9	1.3
	ミニトマトとオクラのクリームシチュー	107	191	4.8	12.5	15.2	0.4	142	0.3	1.0	0.10	0.17	54	18	2.4	1.1

	料理名	ページ	エネルギー	たんぱく質	脂質	炭水化物	鉄	ビタミンA	ビタミンD	ビタミンE	ビタミンB_1	ビタミンB_2	葉酸	ビタミンC	食物繊維総量	塩分
			(kcal)	(g)	(g)	(g)	(mg)	(μg)	(μg)	(mg)	(mg)	(mg)	(μg)	(mg)	(g)	(g)
元気のもと	甘酒	108	23	0.4	0.1	5.0	0	0	0	0	0.01	0.01	3	0	0	0
	甘酒と豆腐のコーンスープ	110	158	6.7	4.5	22.2	0.8	28	0.2	0.3	0.08	0.13	26	3	1.3	0.7
	べったら漬け	110	31	0.5	0.1	7.1	0.1	0	0	0	0.01	0.01	13	3	0.6	0.8
	イワシの甘酒煮	111	199	20.4	9.4	6.1	2.3	8	32.0	2.5	0.05	0.41	16	0	0.2	1.5
	黒米で作る甘酒	111	23	0.5	0.2	4.9	0.1	0	0	0.1	0.02	0.01	4	0	0	0
	にんたまジャム®	112	28	0.6	0.1	6.7	0.1	0	0	0.1	0.02	0.01	9	3	0.7	0
	にんじんのポタージュ	113	118	4.3	4.0	16.4	0.2	384	0.3	0.4	0.09	0.19	21	6	1.6	0.6
もてなしごはん	博多の串雑煮	116	199	8.5	3.7	32.0	1.4	187	1.0	1.1	0.09	0.11	53	12	2.0	1.2
	黒豆	118	101	5.2	2.7	14.6	0.9	0	0	0.5	0.11	0.04	57	1	2.0	0.3
	黒豆のみつ煮	118	180	5.1	2.7	29.4	0.9	0	0	0.5	0.11	0.04	57	1	2.0	0.1
	合鴨の和風ロースト	119	191	7.8	16.0	2.0	1.2	31	0.5	0.4	0.14	0.19	4	2	0.2	1.3
	サラダコンポーゼ	120	481	17.8	28.5	37.3	1.4	364	0.1	2.6	0.14	0.31	97	31	3.9	2.5
	スティック野菜フムス添え	122	146	7.0	10.0	7.6	1.2	114	0	1.6	0.04	0.05	34	41	4.4	0.9
	いちごジャム	123	29	0.1	0	7.4	0	0	0	0.1	0	0	12	9	0.2	0
	ブルーベリージャム	123	31	0.1	0	8.0	0	1	0	0.2	0	0	2	2	0.4	0
	ミックスほろ苦マーマレード	123	28	0.2	0	7.3	0	1	0	0.1	0.01	0.01	5	10	0.3	0
	りんごジャム	123	24	0	0	6.4	0	0	0	0.1	0	0	1	2	0.3	0
	ハヤシライス	124	733	13.4	41.1	73.6	1.9	186	0	1.3	0.13	0.20	38	13	3.4	3.2
	ドミグラスソース	125	145	1.6	8.1	16.1	0.6	61	0.1	0.6	0.04	0.02	10	6	1.3	1.9
	あめ色玉ねぎ	126	46	0.5	3.1	4.4	0.1	20	0	0.1	0.02	0.01	8	4	0.8	0.1
	オニオンチーズトースト	127	295	10.1	10.8	39.0	0.5	61	0	0.6	0.07	0.08	28	1	2.2	1.3
	オニオングラタンスープ	127	164	3.8	8.1	18.8	0.4	50	0.1	0.2	0.04	0.04	18	4	1.6	1.3
	円盤ギョーザ	128	371	14.4	18.3	34.8	1.3	8	0.2	1.2	0.41	0.16	53	23	2.3	1.4
	ちらしずし	130	415	15.5	10.6	62.2	1.3	146	1.4	1.3	0.10	0.24	48	3	2.8	2.3

村上祥子（むらかみさちこ）

料理研究家、管理栄養士。福岡女子大学客員教授。母校の福岡女子大学で1985年より栄養指導実習講座を現在まで担当。治療食の開発で、油控えめで、1人分でも短時間においしく調理できる電子レンジに着目。以来、研鑽をかさね、電子レンジ調理の第一人者となる。「ちゃんと食べてちゃんと生きる」をモットーに、子どもからシニアまで幅広い年代層への食育に情熱を注ぐ。これまでに出版した著書は『味つけひとつでなんでも料理』『村上祥子のおひとりさまごはん』『ふたりのおいしい介護食』(すべて女子栄養大学出版部)など400冊をこえる。

料理教室について

福岡のキッチンスタジオでは、随時さまざまなテーマの料理教室を開催している。6年前から新たに「年を重ねても自分で作って自分で食べる」食べ力®が身につく、シニア向け料理教室も開講（教室名は「村上祥子の実習教室」)。この教室のためにスタジオを20台の電子レンジが同時に使えるように改装し、生徒が1人1台ずつ実習できるようにした。楽しくて元気になる料理教室として、シニアに限らず40～70代まで幅広い世代に人気を博している。詳細は公式ホームページを参照。

■公式ホームページ　http://www.murakami-s.jp

撮影　中野正景
南雲保夫
フジモリタイシ（3、136ページ）
スタイリング　中尾美穂　八木佳奈
デザイン　ohmae-d
イラスト　tent
栄養価計算　大越郷子
校閲　くすのき舎
小野祐子
編集協力　高木真佐子
撮影協力　UTUWA（TEL：03-6447-0070）

・本書は『栄養と料理』2018年1月～2019年12月「ムラカミ式元気ごはん」の連載と、新たに取材・撮影した記事を合わせて構成し、書籍化したものです。

人気レシピ集めました！

村上祥子のシニア料理教室

2020年1月25日　初版第1刷発行
2020年6月5日　初版第2刷発行

著者　村上祥子
発行者　香川明夫
発行所　女子栄養大学出版部
〒170-8481　東京都豊島区駒込3-24-3
電話　03-3918-5411（営業）
03-3918-5301（編集）
ホームページ　https://eiyo21.com/
振替　00160-3-84647
印刷・製本　凸版印刷株式会社

ISBN978-4-7895-4833-5